うさもぐの人生を変えた

魅惑のあんバター100選

うさもぐ

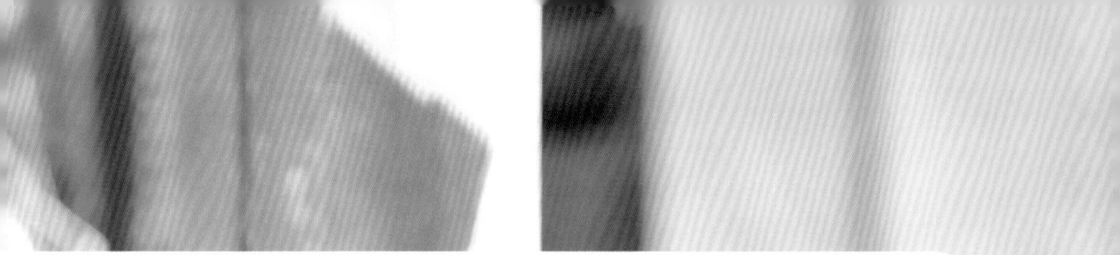

はじめに

私の人生のターニングポイントはあんバターとの出会いです。

小さい頃からバターが好き。あんこも好き。

それなのに大人になるまで一度も〝あんバター〟を食べたことがありませんでした。

ただ好きと言っても生活の中心にくるほどではなく、

あんバターに出会う前はパンといえばメロンパンやチョコのパンを選び

一番好きな食べ物を聞かれればお肉と答えていました。（二番目はパンケーキです）

そんな22年間を一口で覆したのがあんバター。

あんこの素朴な甘さとバターの芳醇なコクが織りなす絶妙なハーモニーは、

あんこだけでもバターだけでも決して感じることのできない至高の味わいでした。

この互いの足りない部分を補い、そして引き立て合う『掛け算式』の美味しさこそが

あんバター最大の魅力だと思っています。

また、その組み合わせには無限大の可能性があります。

例えばそれぞれの素材がすごく高級で美味しくても

相性が悪ければ美味しいあんバターでは無くなってしまったり、

逆にそれぞれの素材が身近で手に入るようなものだとしても

組み合わせによってはものすごく美味しいあんバターになったり。

もっと言うと同じあんバターでも冷やして食べるのか？　常温で食べるのか？　温めて食べるのか？

など温度の違いだけでも驚くほど味わいが変わってきます。

この本ではそんなあんバターの魅力に取り憑かれ、仕事を辞め、

文字通り人生をあんバターに捧げた私が本気で美味しいと思うあんバターを１００個厳選しました。

この本を通して少しでも多くの方にあんバターの魅力がお伝えできれば嬉しいです。

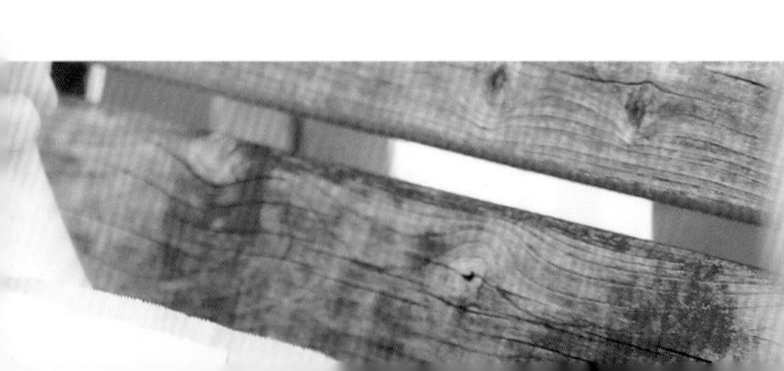

contents

※商品の値段は全て税込表記です。※データは2024年4月1日現在のものです。
※営業日時はお店によって変更の場合があります。お店に行く前に、Instagramやホームページなどで確認することをおすすめいたします。

talo coffee

6

始まりはここから…

『はじめに』でお話しした人生のターニングポイントがまさにここ、talo coffeeさんです。約5年前、友人と大阪旅行をすることになりインスタで大阪のカフェやモーニングを探していたときにたまたまこのあんバターサンドを見つけました。当時は「映えてるし人気のお店みたいだから行ってみない?」という何ともミーハーな気持ちでした。この時初めて〝あんバター〟というものを知ったと言っても過言ではありません。私が伺ったのは今の場所へ移転する前だったのですが、店内がお客さんで賑わっていたことを覚えています。甘いものとしょっぱいものを頼んでシェアしよう、とあんバターサンドと当時のモーニングCセット(チーズトースト)を注文。そしてあんバターを食べた瞬間、私の中に衝撃が走りました。「世の中にこんなにも美味しい食べ物があったのか…!」と。お互いを引き立て合うあんことバターのマリアージュと絶妙な甘じょっぱさに手が止まりませんでした。この日から私のあんバターライフが始まり、都内中心に全国各地で様々なあんバターを食べてきましたが、やはりtalo coffeeさんのあんバターサンドは私にとって色褪せることのない唯一無二の味です。

talo coffee

あんバターサンド

コーヒー or 紅茶とセット 1137円

表面さっくり中ふわっふわのパン自体がまず美味しい。あんことバターの量、甘さと塩気のバランスも神。ビジュアルも目をひく、とにかく全部が最高の逸品です！

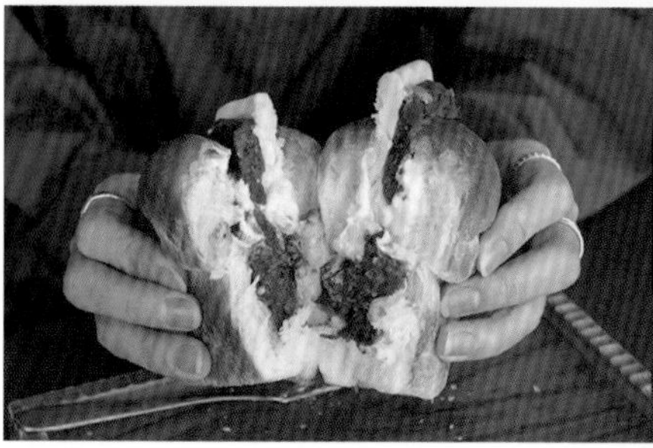

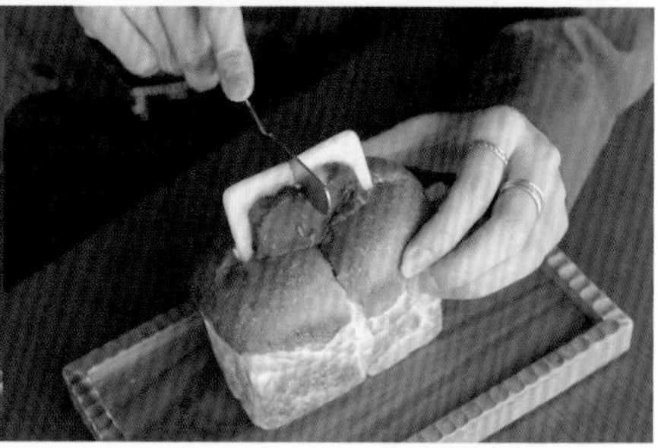

食べる時は、半分に割ってがしっと大きな口で、バターの側からかぶりつくのがおすすめ。半テラスで開放感ある店内にはアートが飾られています。お店のもう一つの看板メニュー「厚焼き玉子サンド」(コーヒーor紅茶とセットで1227円)は、ふわっふわっ。

お店のもう一つの
看板メニューは
「厚焼き玉子サンド」

タロ コーヒー

㊟大阪府 s 大阪市城東区諏訪 4-10-2
㊫中央線「深江橋」駅徒歩4分
☎06-7410-2280
㊢8：00 ～夕方頃
㊡日・臨時休業あり
＊テイクアウト不可。

TALOCOFFEE

あんバターの聖地

名古屋をめぐる

BUCYO COFFEE

小倉＆きなこバター W乗せトースト 厚切り

950円

厚切りのトーストは外サクサク中ふんわり。甘さ控えめのスッキリとしたつぶあんとミルキーな生クリームの相性が抜群でふわっと香るバターのコクがたまらない。煎り大豆クランチ入りの香ばしいきな粉バターも絶品。

アメリカンなインテリアの店内はいつもお客さんでいっぱい。土日は朝から行列ができるほど。店主のお母さまが作っている名物「小倉あん」はテイクアウトも可。

名古屋に行くとほぼ毎回立ち寄るのがこのBUCYOCOFFEEさん。初めてお店に行った時は緊張したなあ。ずっと行きたかった憧れのお店だったので(笑)、もはや看板を目の当たりにした時には芸能人に会った時のような感覚でした(笑)。ここの小倉あんがとにかく絶品なんです。小豆のほくほくとした食感や素材本来の甘みが感じられる甘さ控えめの粒あんで、このままでパクパク食べられる美味しさです。1番好きなあんこと言っても過言ではありません。このあんこが乗った小倉トーストはカイザーパンと食パンのトーストを選べるのですが、私のおすすめはカイザーパン。ちょっともちっと感があってこのフォルムも好きなんですよね。朝は平日でも満席、土日となると1時間待ちのこともあるそうですが名古屋のモーニングといえばやはりここは欠かせません。ちなみにお店の名前の「BUCYO」というのはオーナーさんが学生時代、部活動の部長を務めていたことからきているんだそう。美味しくて店員さんも温かくて、近所に住みたいくらい大好きなお店です。

私が手にしているのが、カイザーパン。この日は2種類食べてご機嫌な様子が写真に出てますね♪小倉トーストは、ドリンクとセットで1100円でいただけます。

ブチョーコーヒー

(住)愛知県名古屋市中村区名駅南 1-10-9 山善ビル 1F
(駅)JR ほか「名古屋」駅徒歩 10 分
☎052-582-3780
(営)7：15 ～ 17：00 (L.O. 16：30)
(休)無休

BUCYOCOFFEE

bonnieu

あんバタートースト

ドリンクセットで 1078 円

サヴァシバの石窯パン使用のトーストはカリもちっと弾力があり小麦の香ばしさとほのかな酸味を感じる。ボニュ特製の瑞々しいつぶあんは上品な甘みで、発酵バターのコクとキレのある塩気がより味に深みを持たせる。

大きな窓から望む景色を最大限に生かした設計で、広々とした店内は、隣の席との間隔もゆったりなのが嬉しい。

XIII（トレズ）の中にあるパティスリーカフェ。ビルの3Fにあり少し入口がわかりにくいかもしれませんが、その隠れ家のようなところもたまりません。店内は一面ガラス張りで開放感があり、凛としつつも木の温かみが感じられてとても居心地がいいです。2023年の4月からモーニング限定（9時30分～11時）であんバタートーストが始まったと伺いました。Instagramで一目惚れしたこのあんバタートーストはまさにそのお店の雰囲気を体現したような、上品で洗練された見た目と味わい。一口一口じっくりと噛みしめたくなります。…と言いつつ美味しすぎて手が止まらず3分ほどで食べ終わってしまったのはここだけの内緒です。ケーキもすごく美味しいと評判のお店なのでデザート（?）にケーキも食べちゃおうかなと思っていたのですが11時からの提供とのことなのでこの時は断念。今度は朝とお昼、1日2回伺ってみようかな？（笑）。ちなみにケーキは毎週月曜日の20時からその週、水～土曜日分の予約がオンラインでできるそうです。

あんバタートースト以外にも、二種のチーズ&メープル、とろとろエッグ、季節のジャムなど全7種のモーニングメニューが楽しめます。早起きしてぜひ！

ボニュ

㊟愛知県名古屋市千種区四谷通 2-8
YOU YOTSUYA 3F
駅 地下鉄名城線「本山」駅徒歩 3 分ほか
☎052-784-4084
営 9：30 ～ 17：00
モーニング 9：30～11：00 (L.O. 10：50)
ケーキ 11：00～17：00 (L.O. 16：00)
㊡日・月・火

BONNIEU.XIII

イトウ珈琲喫茶室

プチやま小倉バター 380円

本間製パンのプチ山トーストに館林製餡のあんこを使用した愛知尽くしの一品。とろけたバターのほどよいコクと塩気が加わってこれぞ王道の小倉バタートーストな味わい◎

名古屋の老舗コーヒーショップが2023年の12月にオープンした喫茶室で、隣にあるイトウコーヒー本店（珈琲販売所）さんへ喫茶店と間違えて入店されたお客さんの「ここでゆっくり珈琲を飲めたらいいのに」という声を受けて本店横のガレージスペースをコーヒースタンドとして改装したんだそうです。ちょうどその頃私は2023年最後のあんバター巡りをどこでしようかな〜とInstagramでいろんなあんバターを探していました。その時目に飛び込んできたのがこのプチやま小倉バターです。「何この可愛いあんバター…！食べてみたい！」気づけば翌日には名古屋へ向かっていました。おやつサイズの小ぶりな小倉バターは写真で見るよりもさらに可愛く、なんだか食べるのがもったいない。可愛いだけじゃなくすごく美味しかったな〜（※しっかり食べてる）。もちろんコーヒーも。焙煎工場の名残がある少しレトロな店内やびっしりと珈琲豆が詰まったガラストップのテーブル、店名が入ったマグカップなどどこを切り取っても絵になる素敵な店内でした。

創業1951年、名古屋で愛されてきたイトウ珈琲商会さんが作ったカフェ。カフェの隣の本店ではコーヒー豆や手軽に淹れることができるパウダーコーヒーも購入可。

ロゴの「イトウ珈琲喫茶室」のモビールがゆらゆら揺れる店内は、幻想的。

ITO_COFFEE_KISSA

イトウこーひーきっさしつ

㊟愛知県名古屋市東区泉 1-7-25
㊞地下鉄桜通線「高岳」駅徒歩 8 分、
地下鉄桜通線・名城線「久屋大通」駅徒歩 11 分
☎052-962-3541
㊐月〜土　10：30 〜 18：30
㊡日

ROWS COFFEE

自家製あんバタートースト 500円

サックサクに焼かれたトーストは円頓寺商店街にあるパン芒種のもの。3～4時間かけて炊いた自家製あんこと大きなよつばバターの甘じょっぱさが絶妙。どこを食べても満遍なく同じあんバター感が味わえる。

こちらも名古屋に来るとほぼ毎回立ち寄ってしまう大好きなお店です。どれくらい好きかと聞かれればROWS COFFEEさんのあんバタートーストをスマホの待ち受けにしちゃうくらい(笑)。私はあんバター巡りを始めた当初からInstagramで「#あんバター」を調べるのが日課なのですが、初期の頃から度々このあんバタートーストをいろんな方の投稿で見かけていていつか絶対食べに行くんだ…！　と心に決めていました。そして2020年の10月、初名古屋旅行で念願のROWS COFFEEさんデビュー。初めてこのあんバタートーストを見た時の感想は「本当にバターがスライスチーズみたい！」でした。この薄さの四角いバターを切るのってすごく難しいんですよね。何度か試したことがあるんですが折れたり斜めになっちゃって。でもこのあんバターの最大の魅力はここにあると思っていて、どどんとバターが乗った見た目のインパクトもそうですが、一口目から最後まで満遍なく同じあんバター感が楽しめるんです。早くまた食べに行きたいな。

こちらに来たら、外のこの席が定番。今回の取材で店内を改めて拝見！　カウンターの白いタイルやさりげなく置かれたレコードなどインテリアも素敵だったと再発見しました。

ロウズコーヒー

(住)愛知県名古屋市西区那古野2−21−5
(駅)地下鉄桜通線「国際センター」駅徒歩５分
(営)月・水・金・土　9：00～22：00
　火・木・日　9：00～18：00
(休)不定休
＊営業時間はInstagramで要確認

ROWSCOFFEE

HOUSest-LIFE+CAFE

小倉トースト 280円

ふんわりトーストに染みたミルキーなバターとまろやかでほどよい甘さのつぶあんの相性抜群！甘じょっぱさも絶妙。見た目の美しさもさることながら味もすごく美味しい。

道徳駅から徒歩4分、住宅街に佇むとってもおしゃれな隠れ家カフェ。初めて来たときは外観からおしゃれなのがひしひしと伝わってきて入るのに少し緊張したなあ(笑)。でも一歩足を踏み入れたら優しい店員さんと温かな空間が出迎えてくれます。上手く言えないのですが、初めて来たのに何度も来たことがあるような居心地の良さを感じるんです。

インテリアや食器、食事の盛り付けなどにもセンスが光ります。だって見てくださいこの小倉トースト。あんことバターをこんな風に盛り付けようなんて思いつきます？本当に唯一無二ですよね。おめかし小倉トーストの方にはあんことバターのほかに栗やイチゴ、生クリームやアーモンドスライスなどが乗っていてとっても豪華。どこから食べようって考えるだけで楽しいです。コーヒーもすごく美味しくてトーストとの相性も抜群。ちなみに店内に飾ってある小物はオーナーさんが一つ一つ仕入れていて買うこともできるんだそう。誰かに教えたいような、でも自分だけの秘密にしておきたいような、そんな素敵なカフェです。

店内に飾られたインテリア品や雑貨類は購入可。どれも店主が仕入れてきたこだわりの逸品です。

おめかし小倉トースト 600円

小倉トーストにイチゴや生クリームが加わってより可愛さもスイーツ感もUP。バター感は少し弱くなってしまうがトータルこちらも美味しい。クロワッサンver.もあり。

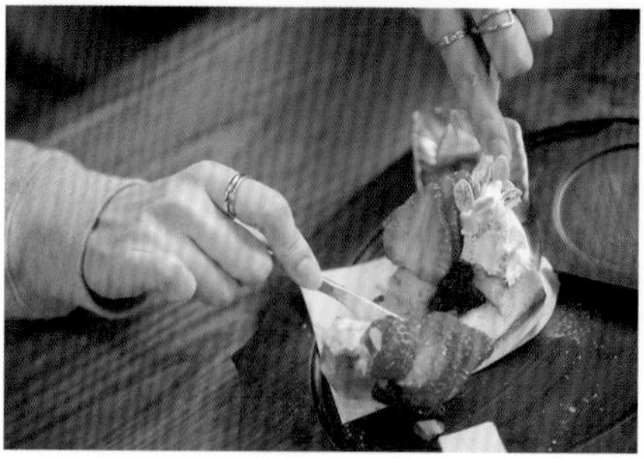

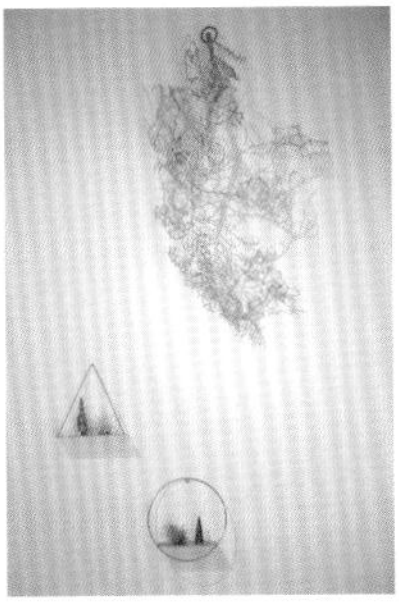

コーヒーは3種の豆からチョイスできます。ちょっとしたお茶菓子が添えられているのも嬉しい。朝のあわただしい時間帯なのに、ゆっくり過ごせる貴重なお店。近所に住んでいる方が羨ましい！

HOUSEST_LIFE

ハウセストライフカフェ

㊟愛知県名古屋市南区豊田 1-3-12
駅名鉄常滑線「道徳」駅徒歩 4 分ほか
営水～土　9：00 ～ 17：00
　日　9：00 ～ 13：00
㊡月・火

天然酵母の食パン専門店 つばめパン&Milk

尼ヶ坂本店

名古屋の味 小倉トースト

490 円

小麦の甘みを感じるもっちりとしたトーストがとにかく絶品。甘めの濃厚なあんこを甘さ控えめのミルキーな生クリームがまろやかに包み込み、バターのコクと塩気が味を引き締める。思わず笑みが溢れてしまう美味しさ。

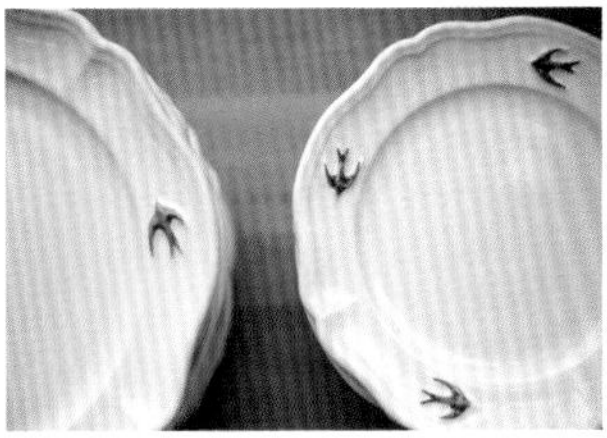

お皿には店名にちなんで、かわいいツバメがいました！　テイクアウト専用で購入できる「あんバター」280円。

　あんバター巡りをするために初めて名古屋旅行をした2020年の10月、1番最初に訪れたのがこのつばめパンさんの尼ヶ坂本店です。お腹ぺこぺこの状態で始発の新幹線に乗り込んだので、名古屋駅付近でどこかお店に入ってモーニングを食べてしまおうかな…なんて思いつつ、いやでもやっぱり記念すべき名古屋初あんバターは絶対に外したくない！　と急いで荷物をホテルに預け尼ヶ坂駅まで向かったことを覚えています。8時過ぎに到着したつばめパンさんで注文したのはもちろん小倉トーストのモーニング。真っ先にトーストにかじり付きたい気持ちを抑えてセットについてきたゆで卵からいただきました。私は好きなものを最後にゆっくり楽しみたい派なので（笑）。そうして気持ちを高めに高めた後、小倉トーストを一口パクリ。食パン専門店なのでパンの美味しさはもちろんあんこもバターも生クリームも絶品。もうこの時点で名古屋に来て良かったと思ったほどです。名古屋のあんバター（小倉トースト）のレベルの高さを1軒目にして思い知らされました。

たっぷりの生クリームをパン全体にしっかり広げていただきます。

TSUBAMEPAN_AND_MILK

てんねんこうぼのしょくパンせんもんてん
つばめパンアンドミルク あまがさかほんてん

㊟愛知県名古屋市北区大杉1-18-21 SAKUMACHI 商店街
㊖名鉄瀬戸線「尼ヶ坂」駅徒歩１分
㊔8：00 ～ 19：00 (L.O. 18：30)　＊モーニングは 8：00 ～ 11：00
モーニング中は注文出来ない商品も有り、要確認。
㊡年末年始 (12/31 ～ 1/3)

column
1

「あんバター」のルーツは名古屋の老舗喫茶店

あんバターの発祥のルーツを探っていくと名古屋の「小倉トースト」にたどり着きます。

現在営業している喫茶店の中では、名古屋で一番古い歴史がある「喫茶店まつば」さんが1921年頃に始めた「小倉トースト」が、あんバターのルーツだと思います。

ちなみに、「喫茶店まつば」さんの小倉トーストではバターではなく、マーガリンを使用されているので、今回の100選には入っていませんが、こちらも逸品。
名古屋にお出かけの際はあんバターの元祖とも言える小倉トーストを楽しんでみてはいかがでしょうか。

ぱぴ・ぱん

あんバタバゲット 340円

カリもちっと香ばしいバゲットのシンプルな美味しさがあんこの甘みとバターのコクで際立つ。リベイク推奨。

あんバタこっぺ 340円

こちらはコッペパンタイプ。ふわもちしっとりのシンプルなコッペパンとあんバターの一体感ある味わいが◎

フランス伝統製法と御影石床窯オーブンで焼き上げるパンと焼き菓子の専門店。名古屋へ行くたびずっと行きたいと思っていて昨年末にようやく行けました。お目当てのあんバタこっぺをGETして近くの植田公園でいただこうとしたら近くにはカラスが。完全にこのあんバターを狙っていたので仕方なく川名公園に移動。今度こそいただこうと思ったら次は鳩の大群。やっぱりあんバターが美味しいって鳥にもわかっちゃうんですかね？（笑）。鳩が寄ってくる前に急いで食べました（笑）。そしてこの本の取材日が2回目の来店で、昨年末食べることができなかったあんバタバゲットをなんとこの日、焼きたてのバゲットで作ってくださったんです…！　カリもちっと小麦の風味が豊かな焼きたてバゲットでいただくあんバターは格別の美味しさでした。ありがとうございます！普段ハードなパンのあんバターが好きなのですが、ぱぴ・ぱんさんに関してはどちらも本当にすごく美味しくて選べません。ということで次に伺った時もバゲットとコッペパンの2個買い決定です。

フランスで修行されたブーランジェ（パン職人）が作るバゲットと、日本のあんこがマリアージュ。撮影用にと出来たてのパンをご用意いただきご満悦のうさもぐです。

ぱぴ・ぱん

㊟愛知県名古屋市天白区植田 3-1209-1
サンテラスタカギ 1F
駅 地下鉄鶴舞線「植田」駅徒歩 2 分
☎ 052-808-7539
営 10：00 ～ 19：00
㊡火・水

BOULANGERIE_PAPIPAIN

テーラ・テール 高岳店

あんバターサンド

280円

牛乳とバターたっぷりのしっとりもっちり生地にコクのある甘さのあんことクリーミーなバター。口当たりが良く一体感のある味わい◎人気商品なので予約がおすすめ。

2013年名古屋にオープンしたパン屋さん。「無農薬」「無添加」「地産地消」をできる限り意識して素材を選んでいるそうです。こだわりの素材を使用したパンはどれも美味しく、パンも見ただけで「あ、これはテーラテールさんのパンだ！」とわかるような可愛いフォルムなのもいいですよね。あんバターに至っては帯にお店の名前が入ってるので間違いようがありませんが(笑)。そういえば2年ほど前Ｉｎｓｔａｇｒａｍで名古屋のあんバターを調べていた時にいろんな方の投稿で何度も目にしたのがこのあんバターサンドだったと思います。それだけたくさんの方に食べられてるっていうことなんだろうなと思いお店へ伺ったんですよね。実際お店でも人気商品だったみたいで食べてみたらその理由がわかりました。パンもあんこもバターもすっごく美味しい。特にあんこは北海道産最高級小豆雪褜を丁寧に煮込んでいるのでコクがあって絶品でした。２Ｆのイートインスペースにはトースターもついているのでパンを焼き直して食べられるのも嬉しいポイントです。

店舗の2階にはイートイン席も有り。その際はドリンクのオーダーもマストなのでお忘れなく！

テーラ・テール たかおかてん

㊟愛知県名古屋市東区泉 3-28-3
駅 地下鉄桜通線「高岳」駅徒歩 5 分
☎052-930-5445
営 9：00 ～ 18：00
㊡水

TERREATERRE_OFFICIAL

つむぎこむぎ

あんバターフランス 270円

注文してから挟んでくれるあんことバターはパンの端から端までたっぷり。甘さも塩気もしっかり濃厚な味わいのあんバターを石窯で焼き上げられたバゲットが支えている。噛み応え抜群なのでハード系好きにおすすめ。

つむぎこむぎさんに初めて行ったのは確か夏頃だったのですが、あんバターにとって夏ってものすごく天敵なんですよね。暑さでバターがすぐに溶けてしまうんです。パン屋さんで店頭に並んでいるあんバターを形が崩れないようにそーっとトレーに乗せても、袋に入れる時や外に出るとすぐにバターが溶けてしまうので夏は何度写真がボツになったか数え切れません(笑)。その点、つむぎこむぎさんは注文が入った後にバターを挟んでくれるので一般的なあんバターよりも溶けにくいんです。そして味もフレッシュ！　だから暑い日だったのにバターの形を綺麗に保ったまま写真が撮れたんですよね。それがすっごく嬉しかったのを覚えてます。ハードパンは絶対リベイクしたい派なんですが家までお持ち帰りするのは厳しそうだったので公園で頂くことに。このボリュームと美味しさでこんなに安くていいの⁉　ってびっくりするくらい美味しかったです。でもやっぱりこのハードなフランスパンはリベイクしたらきっともっと美味しいんだろうな。今度は絶対リベイクしようっと。

2021年のオープンから話題となってメディアにも多数登場する人気店。石窯で焼き上げたパンは売切れ必至！　予約もできるので、事前予約がおすすめです。

つむぎこむぎ

㊟愛知県名古屋市熱田区四番 1-11-20
1階南 コンフォート六番
㊖地下鉄名港線「六番町」駅　徒歩1分
☎052-671-3388
㊎水〜日　8：00 〜 18：00
㊡月・火

TSUMUGI_KOMUGI

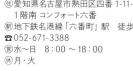

Le Sixieme Sens

あんバター フランス
280円

ちょうどいい甘さのあんこと芳醇なコクの発酵バターをハードなフランスパンでサンド。バランスがいい。

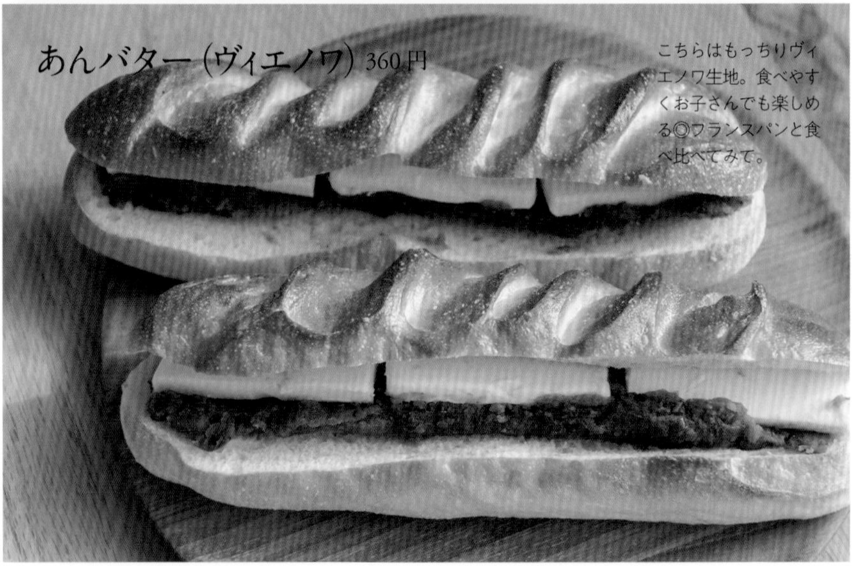

あんバター（ヴィエノワ）360円

こちらはもっちりヴィエノワ生地。食べやすくお子さんでも楽しめる◎ワランスパンと食べ比べてみて。

焼き上がったばかりのパンから漂う美味しい香りにつられて、この日のお昼御飯用にあんバター以外のパンも買っちゃいました！

原駅から歩いて約25分の場所にあるルシズィエムサンスさん。店名のLeSixieme sensにはフランス語で〝第六感〟という意味があり「人間の五感ではなく第六感という新しい感覚で、パンを通して今までにない感動を味わっていただきたい」という思いが込められているんだそうです。真っ赤な外観とは裏腹に店内は白くて柔らかな雰囲気。あんバターはフランス生地とヴィエノワ生地の2種類。私のおすすめはやっぱりカリもちっとハードなフランス生地！濃厚なあんバターと旨みの強い香ばしい生地は相性抜群です。店員さんにおすすめしてもらったナッツやドライフルーツがたっぷり入ったハード系のパンもいただいたんですがこれもすっごく美味しくってびっくり。普段あまり自分では選ばない系統のパンだったんですが、今ではパン屋さんに行くと似たようなパンを探してしまうくらいすっかりハマってしまいました(笑)。ルシズィエムサンスさんからぱぴ・ぱんさん(P32)まで歩いて30分くらいなのであんバター梯子にもおすすめです◎

ル シズィエム サンス

㊟愛知県名古屋市天白区中平 2-509 ホワイトメゾン原 1F
㋮地下鉄鶴舞線「原」駅徒歩 25 分ほか
☎052-807-5068
㊖10：00 ～ 18：00
㊡火・水・木

BOULANGERIE_LESIXIEMESENS

column
2

全国のあんバター 3選

❶［シャトレーゼ］

北海道産バターどらやき　151円〈通販可〉

ふわふわしっとりの皮はどら焼きとパンケーキの間のような生地感で癖がなく食べやすい。あんこの豊かな風味と甘さの後からバターのミルク感と塩気が広がる。温めるとそれぞれの風味が引き立ち、よりリッチで濃厚な味わいに◎。コンビニなどで買えるのも嬉しい。

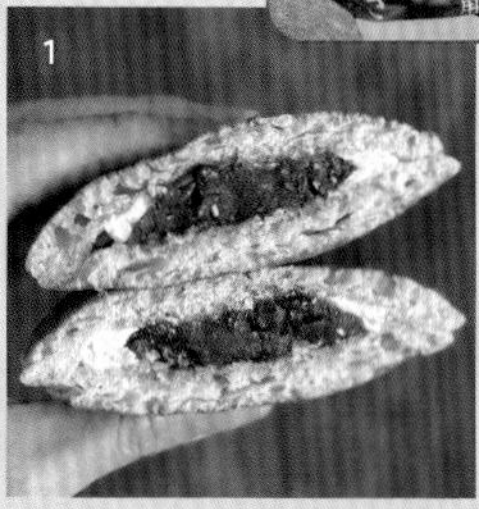

❷［スターバックスコーヒー］

あんバターサンド　320円

あんこは粒あんとこしあんをブレンドしているため風味が豊か、かつなめらかでバターとの馴染みがいい。ふわもちっとした歯切れのいいパンとのバランスも良く食べやすさ◎あんバターデビューにもおすすめ。リベイクで香ばしさとリッチなバター感を味わえる。

❸［コメダ珈琲］

モーニングサービス（毎朝開店～前11：00）
※店舗により価格は異なります。

モーニングの時間にドリンクを注文すると無料でついてくる小倉トースト。バターの染みたサクふわの厚切りトーストに濃厚なあんこを端から端までたっぷりと乗せ、苦めのコーヒーと共に流し込む朝は至福のひととき。ホッとするような昔ながらのあんバター。

うさもぐ

BEST SELECTION

AMAM DACOTAN 表参道店

あんこ練乳バター

280円
まるでパンのテーマパークのようなお店にある
あんバターはやはり一味違う！
バターには練乳が混ざっておりミルキーで甘いコクが広がる。
塩気のあるほくほくの粒あん、もっちり生地との相性もよく
噛めば噛むほど美味しい！
並んででも食べたい一品。

アマムダコタン おもてさんどうてん

㊟東京都港区北青山3-7-6
㊫銀座線・千代田線・半蔵門線「表参道」駅
㊮11：00 ～ 19：00
㊡不定休

AMAM.DACOTAN

bricolage bread&co.

くるみあんバター

420円
パンの先が尖ったフォルムが特徴的な
こちらは味も一風変わっている。
もっちりハードめなパンにほどよい甘さのあんこと
ややこってりめのバター、そしてここにクルミがIN！
この香ばしさがあんバターにとてもよく合う◎
噛むほど味の出てくるパンが特に絶品。

ブリコラージュ ブレッド アンド カンパニー

㊟東京都港区六本木 6-15-1
　六本木ヒルズ けやき坂テラス 1F
㊫大江戸線・日比谷線「六本木」駅
☎03-6804-3350
㊮7：00 ～ 19：00
㊡月　＊祝日の場合は営業

BRICOLAGE_BREAD_AND_COMPANY

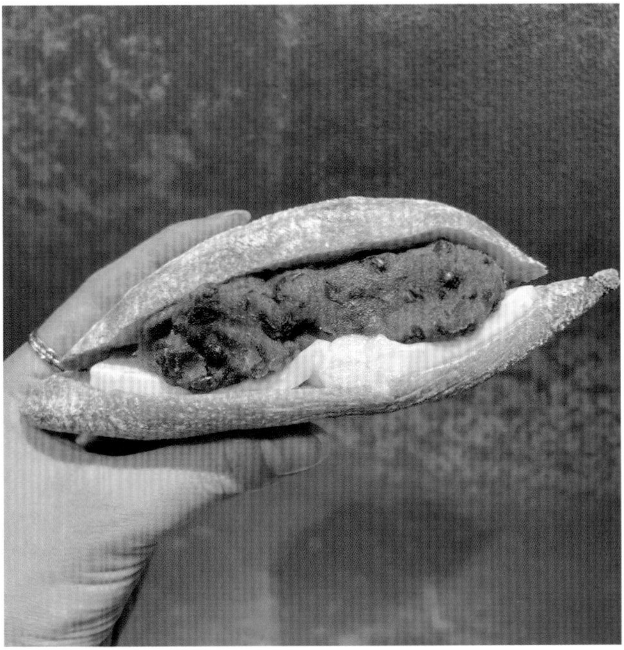

SeijiAsakura COFFEESTAND

黄金色のあんバター

390円
カリもちっと香ばしいバゲットは旨みが強くほのかにフルーティーな酸味が広がる。
ほどよい甘さのつぶあんとクリーミーな発酵バターが
バゲットの美味しさをさらに引き立てる。
お店のスペシャリテである黄金色のバゲット×あんバターは
まさに黄金コンビだ。

SEIJIASAKURA_COFFEESTAND

セイジアサクラ コーヒースタンド

(住)東京都港区白金台 4-9-21
(駅)南北線「白金台」駅
☎03-6780-8219
(営)10：00 ～ 18：00
(休)月・火

DIXANS 水道橋

あんバタートースト

800円
厚切りのトーストは噛むたび黒糖のいい香り。
皮の食感がありつつなめらかですっきりとした風味と
ほどよい甘みのつぶあんは
まろやかでミルキーな生クリームとの相性抜群◎
その隙間からしっかりとバターのコクと塩気が感じられ、
よりコク深い味わいに。

DIXANS.TOKYO

ディゾン すいどうばし

(住)東京都千代田区西神田 2-7-11 北村ビル 1F
(駅)JR 中央線&総武線・三田線「水道橋」駅
☎03-6256-8417
(営)月～金　8：00 ～ 18：00　(L.O17：30)
　土・日・祝　9：00 ～ 18：00　(L.O17：30)
(休)無休

*訪問時のメニューです。現在はパンが変更されています。

TANUKI APETIZING

あんバター

550円
朝から大行列のベーグル専門店。
もっちりとした米粉ベーグルが特徴的◎
小豆の美味しさ引き立つしっとりのあんことコクのあるバターが
生地との相性抜群。
ベーグルサンドがズラーっと並ぶディスプレイも圧巻なので
ぜひ朝早起きして並んでみてほしい！

タヌキ アペタイジング

㊟東京都中央区勝どき 4-10-5
駅大江戸線「勝どき」駅
営7：00 ～売り切れまで
㊡月・火・水・金・土

TANUKIAPPETIZING

bouquet

塩あんバタートースト

500円
小麦の風味豊かな香ばしいサックサクのトーストに
小豆の風味と甘みが感じられるあっさり上品なつぶあんと
コク深いエシレ発酵バター。
それぞれの素材が美味しく相性も抜群。
姉妹店 BEAVER BREAD（あんバター有）のパンを
持ち込むことも可能。

ブーケ

㊟東京都中央区東日本橋 3-9-11 FET ビル 1F
駅浅草線「東日本橋」駅
営9：00 ～ 17：00（L.O. 16：30）
㊡月・火

__BOUQUET__

IPPUKU&MATCHA 日本橋店

あんバタークロワッサン

500円
サクじゅんわりバターの甘い香りが広がる365日さんのクロワッサンに
塩気で甘みと風味の引き立った自家製あんこと分厚いバター。
生地の熱でだんだんととろけていくバターの
味わいの変化を楽しめる。
宇治抹茶専門店なので
あんバター×抹茶のコンビでぜひ。

イップクアンドマッチャ にほんばしてん

㊟東京都中央区日本橋室町 2-1-1 日本橋三井タワー 1F
㊕銀座線「三越前」駅
㊢11：00 ～ 20：00
㊡施設に準ずる

IPPUKUANDMATCHA

yummy bakery

あんバター

320円
セミハードなもっちりパンにつぶあんもバターもたっぷり。
しかしこれがベストバランス！
バターを1枚だけ挟んだままリベイクし、
もう1枚を後入れして食べると
生地とあんこに染みたバターと口の中で溶けていく固形バターの
両方が楽しめておすすめ◎

ヤミーベーカリー

㊟東京都品川区南大井 1-8-3
㊕京急「立会川」駅
☎090-4810-8383
㊢11：00 ～ 19：00
㊡月・日

Yummy Bakery

いのパン店

あんバターフランス

410円
パンに挟まりきらないほどたっぷりのあんこは
しっかりと甘さがありつつ後味スッキリ。この量でも◎
カリもちっと香ばしいパンにミルキーな有塩バターで
これぞ王道のハード系あんバターフランス。
こちらもパンのリベイク推奨。
あんこが好きな人に特におすすめ。

INOPANTEN_MIYUKI_KANO

いのパンてん

(住)東京都品川区東品川1-29-1
(駅)京急「北品川」駅
☎03-3474-1118
(営)火・水・金・土　10：00～売り切れ次第閉店
(休)月・木・日・祝

Coffee Elementary School 私立珈琲小学校

あんバターサンド

456円
小学校をテーマにしたカフェ。
カリもちっとしたお店自家製のドッグパンに
ほどよい甘さのあんこと芳醇な発酵バター。
温められたパンの熱で少しとろけたバターはさらに風味が引き立つ◎
あんバターが早退（売り切れ）してしまう前にぜひ食べに行ってみて。

COFFEEELEMENTARYSCHOOL

コーヒー エレメンタリー スクール しりつこーひーしょうがっこう

(住)東京都墨田区錦糸4-9-9　宮本マンション2-102
(駅)JR総武線「錦糸町」駅ほか
(営)月（テイクアウトのみ）8：00～15：00
火～金（通常営業）8：00～18：00
土・日・祝（通常営業）8：00～17：00
(休)不定休

北品川

錦糸町

feb's coffee & scone

小倉あんバタースコーンサンド

550円
ねっとり甘めのつぶあんと
コク・塩気がじんわり広がるバターの濃厚な味わいを
温かいシンプルなサクサクスコーンが引き立てる。
季節によって様々な味の餡になるので
毎シーズン通いたくなる。
姉妹店 Februarycafe のあんバタートーストも必食。

FEBSCOFFEE

フェブズ コーヒー アンド スコーン

㊟東京都台東区浅草 3-1-1
㊕JR 総武線・銀座線・伊勢崎線ほか「浅草」駅
☎03-6458-1881
㊡月～金　8：00 ～ 17：00 (L.O. 16：30)
　土・日・祝　8：00 ～ 17：00 (フード L.O. 16：00、ドリンク L.O. 16：30)
㊡無休

HAMADA-YA BREAD BAR & COFFEE

ブリオッシュこしあんバター

280円
パッと見あんこもバターも見当たらないが
切り込みの入ったブリオッシュを開けると中にこしあんとバターが IN。
リベイクすると生地はさっくり中のバターがじゅんわりとろけて
噛むたび芳醇な香りと甘みが広がる。小ぶりだがリッチな味わいで満足感◎

ハマダヤ ブレッド バーアンドコーヒー

㊟東京都世田谷区玉川 3-17-1 玉川高島屋本館 B1F
㊕田園都市線ほか「二子玉川」駅
☎03-5716-2722
㊡月～日　10：00 ～ 20：00
㊡施設に準ずる

蔵前

二子玉川

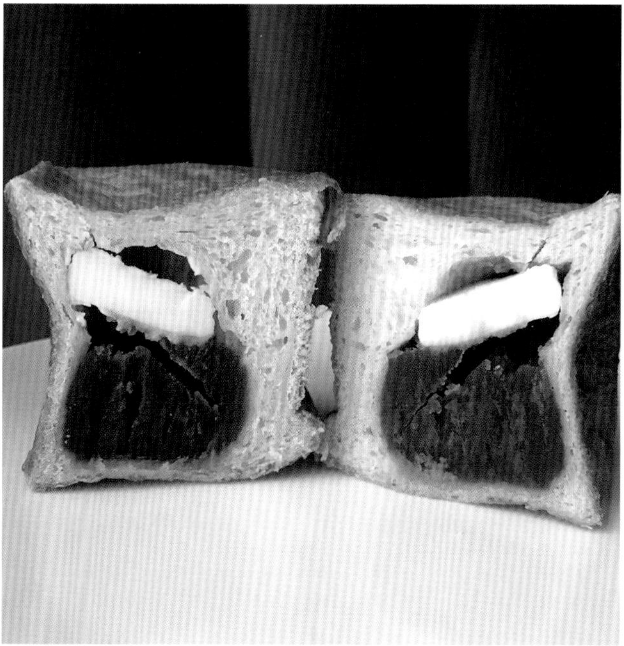

Mallorca

塩クロワッサン 十勝産つぶあんバター

500円
食べた瞬間心奪われた唯一無二の塩クロワッサン。
噛めばザク、サク、じゅわっと
クロワッサンの芳醇なバターの香りとキレのある塩気が
口いっぱいに広がり、
そこへすっきりとしたカルピスバターのコクと
風味豊かなつぶあんが奏でる禁断のハーモニー。

マヨルカ

PASTELERIA_MALLORCA

(住)東京都世田谷区玉川 1-14-1
二子玉川ライズ S.C. テラスマーケット 2F
(駅)田園都市線ほか「二子玉川」駅
☎03-6432-7220
(営)9：00 ～ 20：00 (物販)
カフェレストランは 9：00 ～ 22：00 (L.O. 21：00)
(休)無休

Boulangerie Sudo

あんバターバゲット

367円
コク深さが半端ない！
甘さ控えめのつぶあんと発酵バターに
旨みの強い香ばしいカリもちバゲット。
芳醇な香りでリッチな味わいはバター好きにはたまらない。
コッペパンやミルクパン、ハニートーストなどを使ったあんバターもあり、
パンの食べ比べができるのも◎

ブーランジェリー スドウ

BOULANGERIE.SUDO

(住)東京都世田谷区世田谷 4-3-14
(駅)世田谷線「松陰神社前」駅
☎03-5426-0175
(営)11：00 ～ 19：00
(休)日・月・火 (不定休)

禁断果実

あんバターサンド

850円
カリカリサックサクの香ばしいトーストは
噛んだ瞬間甘いバターの香り。
中のあんこはまろやかなこしあんで雑味がなくとても食べやすい◎
別添えの塩をかけると味がグッと引き締まり
甘じょっぱくまさに禁断の味わい。
あんバターを初めて食べる方にもおすすめ！

きんだんかじつ

㊟東京都目黒区中目黒 2-7-7 1F
㊕東横線「中目黒」駅
㊚8：00 ～ 18：00
㊡不定休

KINDANKAJITSU

ブレッドマチエール

あん塩バター

500円
王道の甘じょっぱいあんバタートーストが食べたいならここ。
サクふんわり少しもちっと感もあるトーストに
しっとりとしたつぶあんと
じゅわーっとコクが広がるバター。
キレのある塩気がいいアクセント。
テイクアウトできる白パンのあんバターもおすすめ！

ブレッドマチエール

㊟東京都目黒区目黒本町 3-5-6
㊕目黒線「武蔵小山」駅
㊚8：00 ～ 19：00
㊡火

MATIERE.BREAD

kenohi

あんバタートースト

550円
あんこは口当たりふわっとまろやかで
エアリーさすら感じるのに
噛むと小豆のホクホクとした粒感があり、
このギャップに私は何度もやられている（笑）。
そしてサクサクの自家製パンとじゅんわりバター。
1人でゆっくり噛みしめたくなる、滋味深い味わい。

ケノヒ

㊟東京都目黒区目黒本町 4-2-6 宝録堂ビル 103
㊖目黒線「武蔵小山」駅
㊂10：00 ～ 21：00（火のみ 18：00 閉店）　㊡日・月
*ひとり時間を過ごすためのお店なので、ひとりでの訪問がマスト!!
*メニューは「気まぐれ」で用意、提供していない日も有り。
Instagram にて、毎朝その日の気まぐれメニューを告知。

KENOHI_HT

les joues de BéBé

あんバタートースト

700円
ほんのり甘いもちしっとりのトーストに
緩めのつぶあんとミルキーなホイップバター。
とろんとしたまろやかな口当たりと優しい甘さで
口内幸福度は120%。
お店人気のバターを包んで焼き上げた「BeBe」に
お家で好きなあんこをトッピングして食べるのも◎

レ ジュ ド べべ

㊟東京都目黒区目黒 1-3-15
リードシー目黒ウエストビル 1F
㊖JR 山手線・南北線ほか「目黒」駅
☎03-6417-3535
㊂8：00 ～ 20：00
㊡不定休

BEBE_MEGURO

目黒ひいらぎ 学芸大学東口店

あんバタートースト

ドリンクとセットで 780 円
1つのトーストで無塩と有塩、
2種類のバターが食べ比べられるあんバタートースト！
和菓子屋さんなのであんこの美味しさはお墨付き。
厚切りのもっちりトーストに負けず甘さも風味もしっかり。
無塩バターでまろやかに、
有塩バターで甘じょっぱくさせても◎

めぐろ ひいらぎ がくげいだいがくひがしぐちてん

㊟東京都目黒区鷹番 2-8-23
㊢東横線「学芸大学」駅
㊥11：00 ～ 18：00 以降、売切次第終了
㊡無休

MEGURO_HIIRAGI

AWORKS 学芸大学

塩キャラメルあんバター

780 円＊
進化し続けるチーズケーキ専門店。
店主自らいろいろな国へ行き、
そこで得たインスピレーションを落とし込んだチーズケーキは
唯一無二の味わい！
様々なフレーバーのチーズケーキとあんバターの調和にいつも驚かされる。
一期一会の絶品チーズケーキを味わって。

エーワークス がくげいだいがく

㊟東京都目黒区中央町 2-23-20-2F
㊢東横線「学芸大学」駅
㊥12：00 ～ 18：00
営業日は毎月変更、基本月 3 日間営業

GAKUDAI.AWORKS

＊訪問時のメニュー

学芸大学

AMMONITE COFFEE MARKET 本郷店

あんバタートースト

550円＊
なめらかですっきりとした甘みの吟醸匠こしあんと
芳醇なよつばホイップバターの相性が抜群。
さっくりと焼かれたトーストも口溶けが良く三位一体とろける味わい。
別添えのきな粉をかけるとさらに◎
あんバターは粒あん派の私もこしあん派になりかける美味しさ。

アンモナイト コーヒー マーケット ほんごうてん

㊟東京都文京区本郷 7-2-6　シンセイビル 1F
㊕大江戸線・丸ノ内線「本郷三丁目」駅
☎03-6240-0648
㊖月～金　8：30 ～ 19：30
　土・日・祝　10：00 ～ 18：30
㊡無休

AMMONITE_COFFEE_MARKET

＊価格は取材時の金額

千成もなか

あんバター塩どら焼き

350円
焼きたてのふんわりもちっとした皮で
甘めの濃厚な粒あんとスライスチーズのようなバターをサンド。
生地の熱でとろけたバターのコクが
どら焼きをよりリッチな味わいに。
自分好みの塩加減にすることもできたり、
味変でブラックペッパーをかけることも可能。

せんなりもなか

㊟東京都豊島区巣鴨 3-28-8
㊕JR 山手線・三田線「巣鴨」駅
☎03-3917-8885
㊖10：00 ～ 18：00
㊡年中無休

ぼうず'n coffee

あんバタートースト

500円
祥雲寺（池袋）内で不定期にオープンする
完全予約制のカフェ。
とろっと濃厚なつぶあんが乗ったバターしみしみのトーストは
甘じょっぱくあと引く美味しさ。
お寺の中庭を眺めながらいただくあんバタートーストは格別。
お腹も心も満たされること間違いなし。

ぼうずんコーヒー

(住)東京都豊島区池袋 3-1-6 祥雲寺
(駅)有楽町線・副都心線「要町」駅
(営)12：00 ～ 18：00
(休)不定期営業（月2～3回程度）、予約制、
Instagram を見て予約サイトから予約

BOZU.N_COFFEE

みずのとびら

小倉トースト

700円
月のしずくという水を使ったキューブパンのトーストが絶品。
焼き加減も絶妙で厚切りなのに中までホカホカ、
そしてふんわり・もっちり・しっとり。
優しい甘さのまろやかな自家製あんこと
有塩バターの相性も◎
食べると優しい気持ちになれるようなあんバター。

みずのとびら

(住)東京都江東区牡丹 3-22-3
(駅)大江戸線・東西線「門前仲町」駅
☎03-6458-5228
(営)11：00 ～ 17：00
(休)日・月

MIZUNOTOBIRA

TSUBASA COFFEE

プリン餡バターフルーツサンド

770円
もち、むち、しっとりのベーグルで
濃厚なあんこと爽やかな発酵バター、
そしてなめらかなプリンを大胆にサンド！
口溶けのいいあっさりとしたカスタードといちごの甘酸っぱさで
重たさを感じず気づけばペロリ。
まさにスイーツ好きの夢が詰まったベーグルサンド。

TSUBASA_COFFEE

ツバサコーヒー

(住)東京都新宿区新宿1-15-12 千寿ビル 1F
(駅)丸ノ内線「新宿御苑前」駅
(営)月〜金　8：30 〜 17：00
　土・日・祝　8：00 〜 17：00
(休)不定休　＊要 Instagram 確認
＊フルーツは季節により異なります。

tecona bagel works

あんバター塩サンド

460円
名前の通りしっかり塩気の効いていて
ガツンとくる甘じょっぱさがたまらない。
ベーグルはもち・ふか・むぎゅ、3種類あるうちの「もち」を使用していて、
もっちりむぎゅっと食べ応え抜群。
濃厚なあんバターに負けてない！
行列必至店なので早めに行くのが◎

TECONA_BAGEL_WORKS

テコナベーグルワークス

(住)東京都渋谷区富ヶ谷 1-51-12 代々木公園ハウス B102
(駅)小田急線・千代田線「代々木八幡」駅
☎03-6416-8122
(営)11：00 〜 18：30
　＊売り切れ次第閉店
(休)不定休　＊要 Instagram 確認

The Little bakery TOKYO

いちごあんバターボール

520円
可愛くて美味しい才色兼備なあんバター。
ほどよい風味と甘さのあんこと
ふんわり口溶けのいいミルキーなホイップバターの相性◎
加えてもっちりとしたパンの香ばしさも感じられ
総合的な味のバランスが良い。
イートインは常に混んでいるがテイクアウトも可能。

ザ リトル ベーカリー トーキョー

(住)東京都渋谷区神宮前 6-13-6
(駅)千代田線ほか「明治神宮前」駅
☎03-6450-5707
(営)10：00 〜 19：00
(休)無　＊要 Instagram 確認

THELITTLEBAKERYTOKYO

SHIBUichi BAKERY

あんバター

345円
小麦の風味豊かな塩気のあるパンに
すっきりとしたつぶあんとコク深いバター。
噛めば噛むほど美味しい。
キレのある味わいで食べ終わっても重たさがない。
塩気強めのあんバターが好きな人におすすめ◎
暑い時期あんバターはお休みしていることもあるので要注意。

シブイチベーカリー

(住)渋谷区渋谷 1-23-26 網野ビル 1 階
(駅)JR 山手線ほか「渋谷」駅
☎03-4590-6600
(営)月〜金　8：00 〜 18：00
　土・日・祝　9：00 〜 18：00
(休)年末年始

SHIBUICHI_BAKERY

繁邦

あんバターサンド

700円
袋の上からでもわかるほどカリッと香ばしいバゲット、
風味と甘さのバランスがいい粒あん、コク深い発酵バター。
元々ポテンシャルの高い素材同士が掛け算式に旨みを積み重ね、
もはや旨味の暴力。(※褒めてる)
焼きたてホカホカなのも◎
とにかく絶品です!

しげくに

SHIGEKUNI_TOKYO

㊟東京都渋谷区恵比寿南 1-14-15 ラ・レンヌ恵比寿 3F
駅JR 山手線・日比谷線「恵比寿」徒歩 3 分
☎03-6451-2422
営9:00 ~ 15:00 (Bakery cafe)
17:00 ~ 23:00 (Restaurant)
㊡要問合せ

SONKA

あんバター

450円
大人気のフランスパン専門店。
ハードなバゲットがとにかく絶品! カリッカリを超えてもはやバリッバリ。
たっぷりのつぶあんは甘さも風味もしっかりで
この旨味の強いバゲットにちょうどいい◎
有塩バターのコクが加わり
あんバターとしてももちろん絶品。

ソンカ

㊟東京都杉並区成田東 2-33-9
駅丸ノ内線「新高円寺」駅
営9:30 ~ 13:00
＊売り切れ次第閉店
㊡火・日・年末年始

Gluttony

あんバター

260円
早朝から行列ができることもある地元で愛されるパン屋さん。
パンの底はシャクッと中はもっちり。
甘さも風味もしっかりのつぶあんと芳醇なコクのバターで
濃厚な味わい。
リベイクするとバターの風味が引き立ち
背徳感が倍増するのでバター好きはぜひお試しあれ。

GLUTTONY5269

グラトニー

(住)東京都杉並区和泉 4-42-29-103
エコロジースクエア方南町
(駅)丸の内線「方南町」駅
(営)7：30 ～ 17：00
＊売り切れ次第閉店
(休)火・水

AIMU

ANKO & BUTTER TOAST

680円
カリもちっと香ばしい全粒粉のパンに
すずくら（和菓子屋）のしっとり甘いつぶあんと
コク深い有塩バター。
それぞれ風味が強くガツンとあんバター感が味わえる◎
パンケーキの日とカフェの日でメニューが違うので
カフェの日を目がけて食べに行ってみて。

AIMU_TOKYO

アイム

(住)東京都杉並区高円寺北 3-11-1
(駅)JR 中央線「高円寺」駅
(営)カフェの日　11：00 ～ 16：30
パンケーキの日　10：00 ～ 15：00
＊「ANKO & BUTTER TOAST」はカフェの日のみ提供。
(休)火・水・木

acaciabagel

禁断の栗あんバター

640円
都内で最多種類（※うさもぐ調べ）の
あんバターを誇る人気ベーグル専門店。
たっぷりあんこと分厚いバターの圧巻のビジュアル。
しかしその生地の美味しさと
あんバターのマリアージュにこそ真髄あり◎
目でも舌でも楽しめる
あんバター界のエンターテイナー。

アカシアベーグル

㊟東京都小金井市貫井北町 1-7-22
㊫JR 中央線「武蔵小金井」駅
㊎11：00 ～　＊売り切れ次第閉店
㊡日～木
＊現在は通販のみ、店舗販売再開は未定。

ACACIABAGEL

1ROOM COFFEE

あんバタートースト

700円
東京であんバタートーストが流行るきっかけに
なったと言っても過言ではないお店！
とにかくトータルバランスが神。
バターは上に乗っているだけでなく
トーストにも染みているので
最初から最後までコクが感じられる。
甘さ控えめの生クリームトッピングも◎

ワンルームコーヒー

㊟東京都板橋区中板橋 30-1
　コーポ亀井 1F
㊫東上線「中板橋」駅
㊎平日　11：00 ～ 17：30（L.O. 17：00）
　土・日・祝　11：30 ～ 17：00（L.O. 16：00）
㊡不定休

1_ROOM_COFFEE

下田流

至高のあんバターサンド フランス

350円
旨みの強いハードなフランスパンに
甘さ控えめの粒あんとじんわり塩気の広がるバター。
食べれば食べるほど味わい深くなる底なしの美味しさ◎
パンをリベイクするとカリもちっと香ばしく
さらに美味しくなるので
ぜひリベイク前後の違いも楽しんでほしい！

しもだりゅう

㊟東京都板橋区高島平7-26-4
駅 三田線「高島平」駅
営 7：30～17：00
＊売り切れ次第閉店
休 月・水・金

SHIMODARYU

PAIN PATI
南町田グランベリーパーク店

熟成あんバター

312円
バターの独壇場になってしまいそうな見た目だが
パンもあんこも負けていない。
パンはカリむぎゅっとハードで小麦の旨味が感じられ、
あんこは豆の食感が残る美味しいつぶあん。
バターはコク深く後味スッキリなので
それぞれの風味が感じられる。リベイクが◎

パンパティ
みなみまちだグランベリーパークてん

㊟東京都町田市鶴間3-4-1 南町田グランベリーパーク ギャザリングマーケット 1F
駅 田園都市線「南町田グランベリーパーク」駅
☎042-850-5881
営 月～木 10：00～20：00、金・土・日・祝 10：00～21：00 休 施設に準ずる

PAIN.PATI

よつばベーカリー

あんバター

270 円
横浜のあんバターといえばここ！
ふわもちむぎゅっとしたセミハードなパンに
ほどよい甘さの粒あんとバター。
王道ながらその相性とバランスの良さで
ワンランク上の美味しさ◎ガッツリ塩気の効いた
甘じょっぱ党必食あんバター。
リベイクもかなりおすすめ！

よつばベーカリー

㊟神奈川県横浜市中区石川町 2-68-4
㊫JR 根岸線「石川町」駅
㊮10：00 ～ 18：00
　＊売り切れ次第閉店
㊡日・月・祝

YOTSUBA.BAKERY

パネッテリア ヴィヴォ

あんバターフランス

199 円
毎日200種類以上並ぶパンの中で人気ランキング2位。
ハードなフランスパンに
すっきりとしたあんことバターの組み合わせは
まろやかな味わいながらお互いを引き立て合う
相性の良さと黄金比率で絶品。
リベイクがおすすめ◎。
ランキング 1 位の日もきっと近い。

パネッテリア ヴィヴォ

㊟栃木県宇都宮市戸祭元町12-7
㊫JR「宇都宮」駅よりバスを利用
☎028-624-1182
㊮9：00 ～ 18：00
㊡日定休・その他不定休

PANETTERIAVIVO

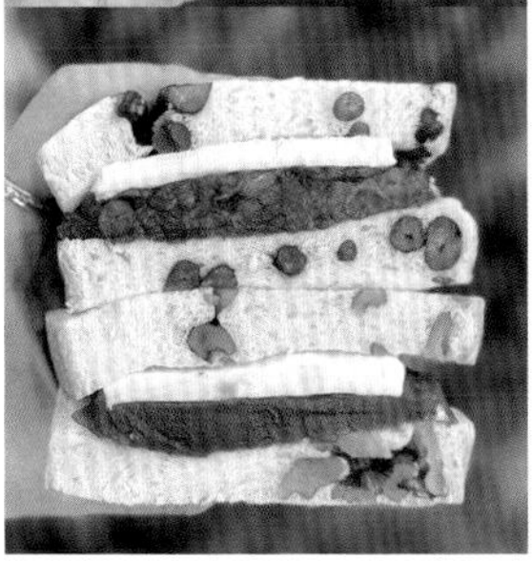

ペニーレイン 宿郷店

黒ゴマチャバター 250円
あんバターサンド（大納言）300円
あんバターサンド（クルミ）300円

ホテルブレッド生地のあんバターはこしあん（クルミ）とつぶあん（大納言）の2種。こしあんと有塩バターのなめらかな口当たりと甘じょっぱさにクルミの香ばしさがいいアクセント。
あんこ好き＆甘党さんはつぶあんがおすすめ。
店舗限定の黒ゴマチャバターも必食。

ペニーレイン しゅくごうてん

㊟栃木県宇都宮市東宿郷 6-9-15
㊕JR「宇都宮」駅
㊫7：00 ～ 19：00
㊡無休

ベイクハウス イエローナイフ

食パンつぶあんバター

291円
早朝から大人気のパン屋さん。みずみずしい粒あんは風味がよく甘さ控えめで、このすっきりとした素朴な味わいに分厚い有塩バターのコクが相性抜群◎。
あんことバターを挟むパンは日によって変わることもあるので一期一会のあんバターをぜひ楽しんで。

ベイクハウスイエローナイフ

㊟埼玉県さいたま市浦和区仲町 3-3-11
㊕JR「浦和」駅
☎048-716-6403
㊫6：00 ～ 15：00
＊売り切れ次第閉店
㊡月・火

BAKEHOUSE_YELLOWKNIFE

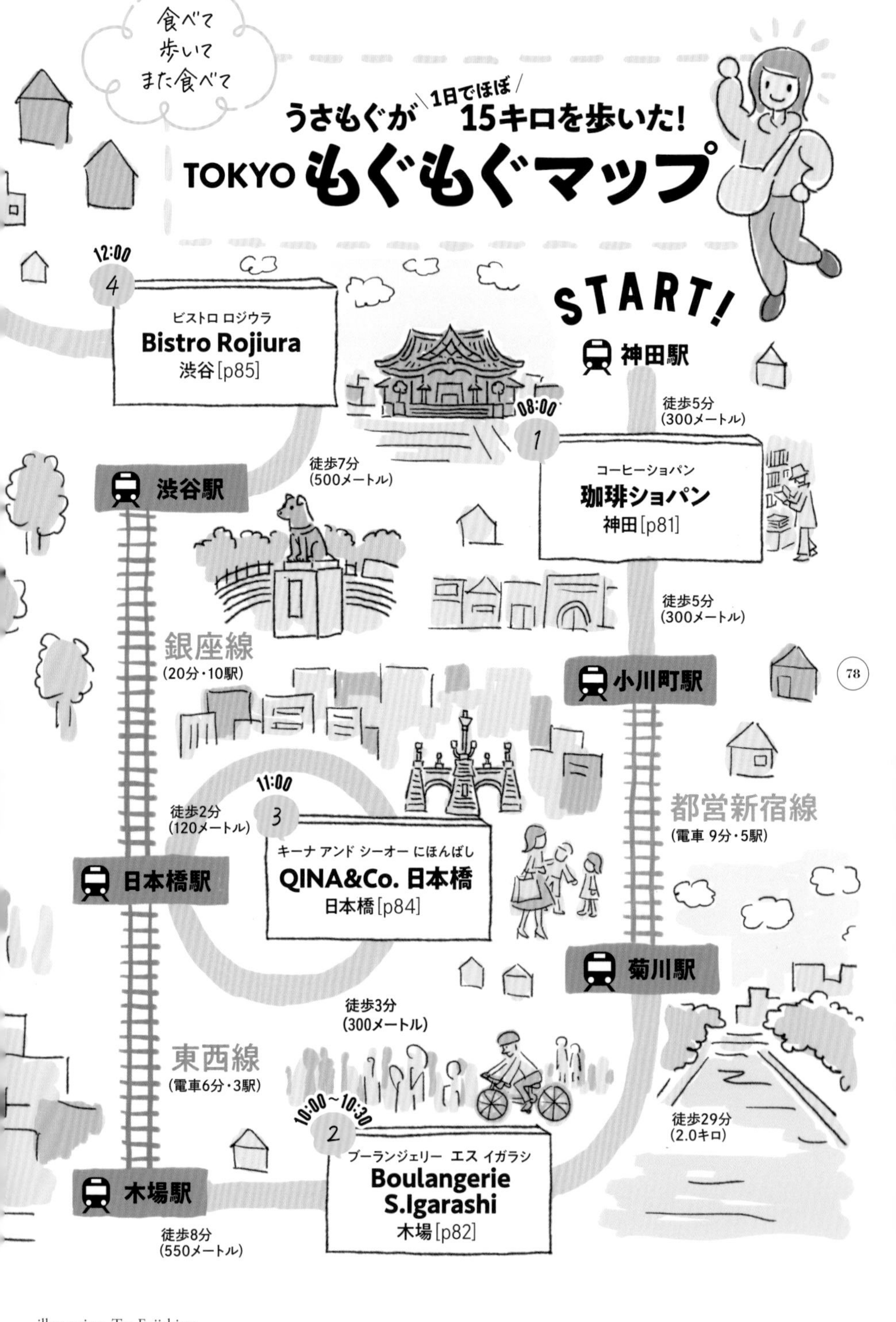
食べて
歩いて
また食べて
うさもぐが
1日でほぼ
15キロを歩いた!
TOKYOもぐもぐマップ
START!
神田駅
徒歩5分
(300メートル)
08:00
1
珈琲ショパン《コーヒーショパン》
神田[p81]
徒歩5分
(300メートル)
小川町駅
都営新宿線
(電車 9分・5駅)
菊川駅
徒歩29分
(2.0キロ)
10:00〜10:30
2
Boulangerie S.Igarashi《ブーランジェリー エス イガラシ》
木場[p82]
徒歩3分
(300メートル)
徒歩8分
(550メートル)
木場駅
東西線
(電車6分・3駅)
日本橋駅
徒歩2分
(120メートル)
11:00
3
QINA&Co. 日本橋《キーナ アンド シーオー にほんばし》
日本橋[p84]
銀座線
(20分・10駅)
渋谷駅
徒歩7分
(500メートル)
12:00
4
Bistro Rojiura《ビストロ ロジウラ》
渋谷[p85]

illustration_Tae Fujishima

13:30～14:00
5
BAKER Aoyagi《ベーカー アオヤギ》
東北沢[p86]
徒歩 31分
(2.2キロ)
徒歩28分
(2.0キロ)
徒歩40分
(2.8キロ)
14:30～15:00
6
Boulangerie BONNET D'ANE《ブーランジェリー ボネダンヌ》
三軒茶屋[p87]
16:00
7
LURIE.《ルーリー》
祐天寺[p88]
徒歩 33分
(2.3キロ)
17:00～17:30
8
Laekker《レカー》
代官山[p90]
徒歩15分
(1.1キロ)
18:00
9
THIERRY MARX LA BOULANGERIE《ティエリー マルクス ラ ブランジェリー》
渋谷[p91]
徒歩14分
(900メートル)
GOAL!!
18:30
10
GREEN THUMB《グリーン サム》
渋谷[p92]

＼出発！／

うさもぐスタイル

check!♡

パン屋さんは、
お取り置きをしてくれる
場合もあるので
事前に確認。

カロリーを
消費するには…

・早歩き！
・徒歩１時間以内の
距離は極力歩く！
・電車移動では
なるべく座らない！

モーニング限定
「あんバター」の
カフェも多いので、
早起きはマスト！

カフェでは、
ブラックコーヒーが
定番

バッグの
中身は…

保冷バッグはマスト！
購入したあんバターは、
ここに in

脂肪の吸収を抑えて、
糖の吸収を
おだやかにする

トクホのお茶

動きやすい
服装

歩きやすく、
履きなれた靴

1

珈琲ショパン［神田］

アンプレス　600円

バターを3度塗り直して焼き上げるサックサクのトーストは
噛むたびバターのコクがじゅわっと溢れる！
トロッとなめらかなつぶあんの甘みと
ガツンとくる塩気のバランスが絶妙で
手が止まらない。
売り切れる場合もあるのでお早めに

コーヒーショパン

㊟東京都千代田区神田須田町 1-19-9
(駅)丸の内線「淡路町」駅徒歩 3 分、
JR 山手線・地下鉄銀座線「神田」駅徒歩 5 分
☎03-3251-8033
(営)火・水・金 11：00 - 19：00　土 11：00 - 18：00
(休)月・木・日・祝日

2

Boulangerie S.Igarashi [木場]

北のあんバターサンド 561円

高加水フォカッチャから溢れ出す小麦の旨味、
上品な粒あんと発酵バターが織りなす芳醇で濃厚な味わい、
そしてそれぞれを引き立て味を引きしめるキレのある塩気。
これぞ計算し尽くされた神バランス!
リベイクもおすすめ◎

うさもぐからインスパイアされて誕生!

スタッフの方が私のInstagramを見て、店主の五十嵐さんに「あんバター」をご提案してくださり、メニューに加わったと聞いてびっくり！　嬉しいです。

福岡の人気店が、2021年に東京・木場に移転。朝9時からWEBで整理券を配布する。

ブーランジェリー エス イガラシ

(住)東京都江東区木場 3-8-10
(駅)東西線「木場」駅徒歩 12 分
(営) 10：00 - 15：00 ＊売り切れ次第閉店
(休)無休

BOULANGERIE_S.IGARASHI

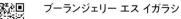

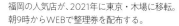

3

QINA&Co. 日本橋［日本橋］

THE BUN（あんバターパン） 380円

きなことあんこの専門店が作る絶品あんバター。
あんことバターの甘さや塩気、風味のバランスはもちろん
マスカルポーネのふわっとくる爽やかさも絶妙。
それらをふわもちパンが包む計算し尽くされた美味しさ。
小さくパクッと食べられて
おやつにもぴったり！

QINA_CO

キーナ アンド シーオー にほんばし

㊟東京都中央区日本橋 2-10-11 Ordin 日本橋ビル 1F2
㊮銀座線「日本橋」駅徒歩 3 分
☎080-4176-6011
㊖ 金 11：00 - 19：00　土・日 11：00 - 18：00
㊡月～木・祝日

4

Bistro Rojiura [渋谷]

あんバターリコッタチーズサンド 660円

こちらはなんとリコッタチーズ入り！
たっぷりの粒あんとバターに
チーズの爽やかな酸味とクリーミーなコクが加わり
より奥深い味わいに◎。
それらをふんわりとしたパンが優しく包み込み、
パラっと振られた塩が味を引きしめる。
誰も欠けてはならない黄金バランス。

ビストロ ロジウラ

㊟東京都渋谷区宇田川町 11-2 1F
駅 JR 山手線ほか「渋谷」駅徒歩8分
☎03-6416-3083
営 08：00 - 14：00 (L.O. 13：00) 18：00 - 23：00 (L.O. 22：00)
㊡月・日

ROJIURA_RESTAURANT

5

BAKER Aoyagi［東北沢］

あんバターは悪くない　380円

まるで生クリームのように見える白いクリームがなんと
全て塩気のあるホイップバター！
ミルキーなコクとほわっとした口当たりがつぶあんをまろやかに包み込む。
サクもちっとした塩パンに染みたバターで
より背徳的に◎こんな罪深さもあんバターなら許される。

ベーカー アオヤギ

㊟東京都目黒区駒場 4-6-2 Y-5
㊫小田急線「東北沢」駅徒歩 8 分
㊢9：00 - 19：00 ＊売切れ次第閉店
㊡月・火・水

BAKER_AOYAGI

6

Boulangerie
BONNET D'ANE ［三軒茶屋］

あんバター 190円

なんとこちらはあんこが入っていないあんバター。
代わりにふんわり柔らかいパンの中に大納言がIN。
食べていくと大納言の優しい甘みと
フレッシュバターのミルキーなコクが口の中で絶妙なハーモニーを奏でる。
この味わいは紛れもなく"あんバター"だ。

ブーランジェリー ボネダンヌ

㊟東京都世田谷区三宿 1-28-1
㊫田園都市線ほか「三軒茶屋」駅徒歩 13 分
☎03-6805-5848
㊔9：00 - 18：00
㊡月・火・水

BOULANGERIE_BONNETDANE

対角線上のあんことバターも尊い

7

LURIE.［祐天寺］

あんバタートースト 700円

イギリスパン使用のトーストは表面カリサクッと中はもちーっと伸びがあり、
自家製あんこと有塩バターの美味しさを引き立てる！
別添えの塩で
好みの甘じょっぱさに調節できるのも◎。
あんことバターの置き方や
お店の内装に店主さんのセンスが光ります。

別添えの塩は店主のこだわりです。キャロットケーキも評判のお店ですが、やっぱりあんバターを食べてしまうので、なかなかたどりつけません(笑)。

LURIE.COFFEE.ROASTER

ルーリー

(住)東京都目黒区中町 2-38-27
(駅)東急東横線「祐天寺」駅徒歩 5 分
(営)8：30 - 17：00
(休)火 ＊月不定休

8

Laekker［代官山］

あんバター 420円

バターたっぷりのデニッシュ×あんバターは
一見重たそうに見えるが、
低糖の粒あんとふわっと軽いバタークリームを合わせることで
こってりせず絶妙なバランスに。
サクサクっと軽快なデニッシュは何度食べても絶品で
食べるたびに歯が喜んでいる（気がする）。

レカー

㊟東京都渋谷区代官山町 9-7 サインビューハイツ代官山 1F
㊫東急東横線「代官山」駅徒歩 6 分
㊋10：00 ～＊売切れ次第閉店
㊡日～水

LAEKKER_DAIKANYAMA

9

THIERRY MARX LA BOULANGERIE ［渋谷］

あんバターサンド 330円

ミシュランシェフが手がけるベーカリー。
ハード系あんバターのお手本とも言える甘じょっぱさと
風味のバランスの良さ◎
そのままだとまろやかな味わい、リベイクするとより芳醇でリッチな味わいに。
比較的夜まであんバターが販売されているのも嬉しい。

ティエリー マルクス ラ ブーランジェリー

㊟東京都渋谷区渋谷 2-24-12 渋谷スクランブルスクエア B2F
駅JR 山手線ほか「渋谷」駅徒歩2分
☎03-6450-5641
営 10：00 - 21：00 ＊営業時間、定休日は施設に準ずる。

THIERRYMARXLABOULANGERIE

10

GREEN THUMB ［渋谷］

あんバター　346円

ふわもちしっとりのパンに黒糖のような甘み・コクのあるあんこと
まろやかな無塩バターの絶妙なバランス◎
普段あんバターはハードパン & 有塩バター派だけど
何度もリピートするくらい美味しい。
パンをレンジで 15 秒ほど温めて
ほわっほわにさせても最高！

もちもちのパン好きな人集まれ！

写真手前が「あんバター」。奥は「あんバターコーヒー」367円。また、こちらのフォカッチャもおすすめで、私のフォカッチャランキング不動の1位です。

グリーン サム

㊟東京都渋谷区桜丘町 28-9
駅JR 山手線ほか「渋谷」駅徒歩 5 分
☎03-6452-5611
営 8：00 - 19：00
休不定休

GREENTHUMB_BAKERY

BACK STREET COFFEE 京橋店

ドラゴン殺し サラダ、コーヒー付き

1,280円
関西最大級のボリュームを誇るあんバター！ 何とトーストの厚みは7cm。
たっぷりのとろとろあんこと分厚い板バターの
絶妙なマリアージュにさすがのドラゴンもノックアウト。
食べ切れない分は持ち帰りも可能だが
美味しさのあまり完食してしまう人続出。

BACKSTREET.COFFEE

バックストリートコーヒー きょうばしてん

㊟大阪府大阪市城東区野江 1-1-12
駅大阪環状線「京橋」駅
☎06-7410-1998
営月・火・水・金　8：00～22：00
　土・日　8：00～14：00
休不定休　＊Instagram に掲載

ROOT COFFEE

あんバタートースト

600円
サクもちっと弾力と伸びのあるトーストに
雑味のないあずきの美味しさ引き立つあんこと
コクと塩気がじんわり広がるバター。
それぞれが美味しく相性も◎
上品な味わいで噛みしめるごとに素材の旨みが増していくので
コーヒーと共に一口一口ゆっくり味わってほしい。

ROOT_COFFEE2018

ルートコーヒー

住大阪市天王寺区堂ヶ芝 1-11-16
駅大阪環状線「桃谷」駅
営9：00～18：00
休木
＊現在休止中、冬ごろから開始予定。要問合せ。

大阪府・京橋

大阪府・桃谷

KONA×MIZU×SHIO

つぶあんこ&バター、くりきんとん&バター

それぞれ200円
うどんが練り込まれた「うパン」使用の
ここでしか味わえないあんバター。
うパンは柔らかくもちもちでぷるんとみずみずしい新食感。
小豆の甘みと風味が引き立つあんこと
ミルキーなコクのバターは
どちらもスッキリとしててこの厚みとは思えない食べやすさ。

UDON_KONAMIZUSHIO

コナ ミズ シオ

(住)大阪府大阪市中央区南本町1-2-6
Fiore Building 1F
(駅)堺筋線・中央線「堺筋本町」駅
(営)11:00～14:00
(休)日・月

TANIROKU BAKERY PANENA

あんバター

200円
小麦の風味豊かなフランスパンにまろやかな甘さのつぶあんと有塩バター。
お互いを引き立て合う絶妙なバランス。
リベイクしパンをカリもちっとさせるとさらに香ばしさが増して◎
お店人気のザクザクスコーンにも
稀にあんバターが登場するので要チェック。

PANENA_OFFICIAL

タニロクベーカリーパネーナ

(住)大阪府大阪市中央区谷町7丁目1-39 新谷町第2ビル1階
(駅)谷町線・長堀鶴見緑地線「谷町六丁目」駅
☎06-6777-1175
(営)10:00～20:00
(休)日・月

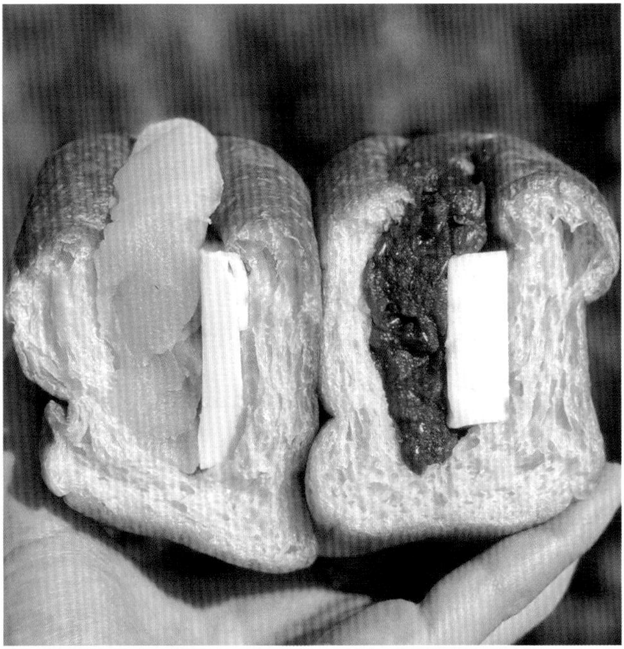

UTSUBO BAKERY PANENA

あんバター

260円
TANIROKU BAKERY PANENAさんの姉妹店で
こちらのあんバターはキタノカオリを使用した
もちむぎゅっとした高加水なリュスティックver.。
あんこもバターもコクがあり
噛めば噛むほど美味しい。
夜はパンとワインを楽しめる立ち飲み屋に。

ウツボベーカリーパネーナ

㊟大阪府大阪市西区靱本町 1-9-18
駅御堂筋線「本町」駅ほか
☎06-6476-8984
営8：00 ～ 17：00
㊡月・火

PANENA_UTSUBO

大阪府・本町

cobato836

あん塩バターベーグル

250円
つやつやのもちっとしたベーグルに
風味豊かなつぶあんとクリーミーな無塩バター。
2種類の塩がトッピングされていて
甘じょっぱさと
バターのミルキーなコクがたまらない。
ベーグルをリベイクしてパリッとさせるのも美味。
836＝挟むという意味らしい！

コバト 836

㊟大阪府大阪市北区天満 2-2-7
駅京阪電車「天満橋」駅ほか
☎06-6881-0779
営9：00 ～ 18：00
(L.O. panini 17：00、drink 17：30)
㊡水

COBATO836

大阪府・天満橋

くろーばー結び 本店

リベイクどらやき あんばたー

367円
大阪発のどら焼き専門店。
パンケーキとどら焼きのいいとこ取りのような
もっちりとした皮がとにかく絶品。
豆のほくっと感残る丁度いい甘さのつぶあんと
じゅんわりとろけたバターの塩気で
甘じょっぱく手が止まらない美味しさ。
さつまいも入りの方もおすすめ。

くろーばーむすび ほんてん

㊟大阪府大阪市東住吉区桑津 1-8-3
駅大阪環状線「寺田町」駅
営10：30 ～ 19：00
休不定休

OSARU COFFEE

あんこの塩バタートースト

単品800円 セットで1300円
カラビナブレッドスタンドのパンを
使用したトーストはサクふんわり。
噛むほどに小麦の優しい甘みが感じられる。
ミルキーなバターと甘さはありつつ
スッキリとした餡子も美味しく
それぞれのポテンシャルがとにかく高い！
あんバターはもちろんコーヒーも絶品。

オサルコーヒー

㊟大阪府大阪市浪速区元町 1-7-15
駅JR「難波」駅
営8：00 ～ 19：00（L.O. 18：30）
休金

OSARUCOFFEE

心斎橋焙煎所

あんバター

330円
薄めでカリッとした皮の中には
あっさりとした甘さ控えめのあんこがたっぷり。
アツアツのたい焼きでとろけたバターのじゅわっと感がたまらない。
塩気も効いてて甘じょっぱさ◎
パクッと食べやすいので
コーヒーと一緒にたい焼きモーニングを楽しんで。

しんさいばしばいせんしょ

(住)大阪府大阪市中央区西心斎橋 1-10-1 1 F
(駅)御堂筋線ほか「心斎橋」駅
☎06-4708-8658
(営)12：00 ～ 19：00 (L.O. 18：30)

SHINSAIBASHIBAISENSHO

パンやきどころ RIKI

あんバター

350円
常に行列の絶えない大人気パン屋さん。
小麦の風味豊かなパンにはクルミが入っており
濃厚なあんバターに香ばしさがマッチ。
パンの塩気が味をグッと引き締めている。
行く時間によって出会えるパンが違うので午前、
午後とぜひ時間を変えていってみてほしい！

ぱんやきどころリキ

(住)兵庫県神戸市中央区栄町通 2 丁目 7-4 佐野達ビル 1F
(駅)JR ほか「元町」駅
(営)8：00 ～ 18：00 ＊売り切れ次第閉店
(休)火・水

PANYAKIDOKORO_RIKI

大阪府・心斎橋

兵庫県・元町

Pane Ho Maretta

セーグルあんバターほうじ茶

290円
ライ麦を使ったセーグル生地はむぎゅっと食べ応えがあり、
リベイクでカリもちっと。
ほうじ茶餡もアールグレイ餡も
香り高くなめらかでクリーミーなバターとの一体感◎
そこへパンの香ばしさが加わりさらに奥行きが広がる。
季節限定のあんバターも必見。

パネホマレッタ

㊟兵庫県神戸市中央区下山手通 5-1-1 興栄ビル 1F
㊕JR「元町」駅ほか
☎078-954-8255
㊖8：00 ～ 18：00 ＊売り切れ次第閉店
㊡月・火（不定休）

PANE_HO_MARETTA

＊写真下段は「セーグルあんバターアールグレイ」で、現在販売休止中。

ベーカリーバカンス

バカンスのあんバター

335円
神戸のあんバターといえばここは欠かせない！
もっちもちのパンに甘さも風味もしっかりのつぶあんと
少しジャンキーさのある有塩バター。
ガツンとくる濃厚な味わいで
パンもあんこもバターもみんな主役！
お芋や栗など季節限定で登場するあんバターも必食。

ベーカリーバカンス

㊟兵庫県神戸市中央区旭通 3 丁目 4-15
㊕JR「三ノ宮」駅
㊖8：00 ～ 19：00 ＊売り切れ次第閉店
㊡年中無休（年末年始をのぞく）

BAKERY_VACANCES

レコルト

あずきバターサンド

302円
噛んだ瞬間から衝撃的。
表面はカリッと中はもちーっと伸びがあるパンは
まるでお餅を食べているかのよう。
噛むほどに香ばしさが口に広がる◎。
優しい甘さの素朴な小豆をバターのコクが包み込み
口の中であんバターが出来上がる。
ここにしかない唯一無二の味わい。

レコルト

㊟兵庫県神戸市兵庫区大開通 7-5-16
㊮神戸高速線「大開」駅
☎078-599-6436
㊒7:30 〜 18:30
㊡日・月

RECOLTE_MATSUO

GRANDIR 御池店

ジャポネ

200円
たっぷり挟まったバターの
こってりとしたコクと塩気がガツンとくる!
そこに粒あんの甘みとふわっと香るきな粉で
一気にジャポネ。(※和風の意)
こってり目のあんバターを支えるには
このむぎゅっとハードなパンがちょうどいい◎
都内や名古屋にも店舗あり。

グランディール おいけてん

㊟京都府京都市中京区寺町御池上ル
上本能寺前町 480-2 1F
㊮市営地下鉄東西線「京都市役所前」ほか
☎075-231-1537
㊒8:00 〜 19:00
㊡不定休、要問合せ

まめものとたい焼き 嵐山本店

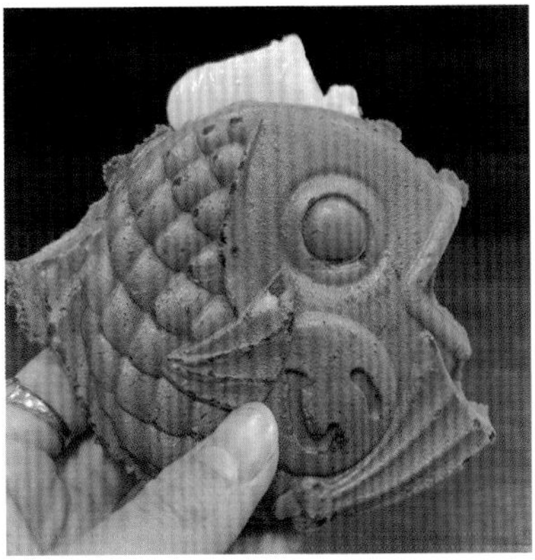

たいやき あんバター

370円
賞味期限1分のあんバターたい焼き。
注文が入ってから作ってくれるので
出来立てアッツアツがいただける。
生地は表面が少しサクッと、中はもっちり。
ほんのり甘くて素朴な味わいが
小豆の風味とバターのリッチなコクにとても合う。
東京だと池袋にも店舗あり。

まめものとたいやき あらしやまほんてん

㊟京都府京都市右京区嵯峨天龍寺
芒ノ馬場町40-8 嵐山昇龍苑 1F
㊎阪急電鉄「嵐山」駅
☎075-354-6166
㊌10：00 ～ 17：00
㊡無休

MAME.TAI

Berry Button

あんバターフィナンシェ

350円
可愛い焼き菓子がズラッと並ぶ光景に
思わずうっとりしてしまう韓国風カフェ。
気づいたらトレーがいっぱいになってしまうが
あんバターフィナンシェはマストで。
しっとりとした生地と
コクのあるあんバターの味わいが絶品。
可愛いだけじゃなく本当に美味しい！

ベリーボタン

㊟京都府京都市中京区押油小路町 233
㊎市営地下鉄東西線「二条城前」駅
㊌11：00 ～ 18：00
＊売り切れ次第閉店
㊡不定休

BERRY._.BUTTON

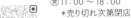

column
3

あんバターの食べ方

[冷蔵]

口の中であんことバターがだんだんと混ざり合い食べるほど味わい深くなる。バターをかじる背徳感はあるが、甘さ、コク、塩気がまろやかに感じられるので一番さっぱりと食べられる。冷やしすぎると乾燥するので注意。

[常温]

冷蔵よりもあんこの甘さやバターのコク・塩気を感じやすく素材の自然な味を一番楽しめる。一口食べて風味が強すぎれば冷蔵してみたり、弱ければ温めてみたりしても◎。コッペパンなどしっとり柔らかいパン向き。

[リベイク]

(パンのおいしさをより引き出すため、水分が逃げないようトースターでパンを温め直すこと)

パンがカリッと香ばしくなり、とろけたバターのコクや塩気が引き立つ。食べた瞬間から全ての風味を強く感じられることが多く、冷蔵や常温よりも濃厚な味わいに。フランスパンなどのハード系は特にリベイクがおすすめ。

column
4

リベイク（温め）方法

❶ バターとあんこを取り出す

あんこの甘さや風味を引き立てたければバターのみ取り出しあんこを一緒に温めても◎

❷ トースターでパンを２～３分焼く

最初はアルミホイルをかけ、残りの１分は外して焼くと焦げにくくカリッと仕上がる

❸ あんことバターを入れ直し トースターの余熱で バターが少しとろけるのを待つ

（補足）
●冷凍したあんバターは自然解凍後、同じ方法でリベイクすると良い。
●ふわっとした柔らかいコッペパンなどはトースターではなくレンジで 10 ～ 20 秒温めるのもおすすめ。

かたちコーヒー

発酵バターとあんこのチーズケーキ

580円
口に入れた瞬間発酵バターの芳醇な香り。
そこにチーズのコクとつぶあんのほどよい甘み、
サクッとしたタルトの香ばしさ。
甘さ控えめの生クリームがまろやかに包み込む絶妙なハーモニー！
相性・バランスもよく
チーズケーキとあんバターの相乗効果がすごい。

かたちコーヒー

(住)北海道札幌市中央区北 3 条東 3-1-29 酒井ビル 2F 左
(駅)JR ほか「札幌」駅
(営)月　11：00 ～ 20：00
火・金・土・日　11：00 ～ 18：00
(休)水・木

KATACHI_COFFEE

PATISSERIE Salon by S

あんバタークロワッサン

1100円
噛んだ瞬間芳醇なバターの甘い香りが口いっぱいに広がる
サックサクのクロワッサンが絶品。
風味が良くほどよい甘さのつぶあんと
べつかい（別海）バターのコクが加わり
さらにリッチで濃厚な味わいに！
生クリームやミルクアイスと共に頬張れば思わず笑みが溢れてしまう。

パティスリー サロン バイ エス

(住)北海道札幌市中央区南二条西 7-1 M's スペース 2nd 2F
(駅)札幌市営地下鉄「大通」駅　☎ 050-5457-0927
(営)火～木　14：00 ～ 20：00 (L.O. 19：00)
金　16：00 ～ 23：00 (L.O. 22：00)
土　14：00 ～ 17：30 (L.O. 17：00)　19：00～23：00 (L.O. 22：00)
日　14：00 ～ 20：00 (L.O. 19：00)　(休)月・火は不定休

BY_S.SARYO

パンセ 仙台駅店

究極のあんバター

280円

塩パンはカリもちじゅわっとバターの香りが濃厚！
ここへたっぷりのあんこと分厚いバター2枚のダブル…
いやトリプルパンチ。
しかしながら上品な甘さとまろやかなバターで
見た目よりも重たさを感じずペロリと食べられてしまう。
まさに悪魔的な美味しさ。

パンセ せんだいえきてん

(住)宮城県仙台市青葉区中央 1-1-1 JR 仙台駅 1 階
(駅)JR ほか「仙台」駅
(営)8：00 ～ 20：00
(休)元日

PENSEE_SENDAI.STATION

an cafe TAIKICHI

自家製あんのあんバタートースト

600円

鯛きち（たい焼き屋）が手がけるカフェ。
あんこはもちろん自家製パンが絶品！
バターの染みたトーストは外サックサクで中ふわもちっと。
噛めば噛むほど小麦の風味が広がる。
塩が別添えされていて
自分で甘じょっぱさを調節できるのも嬉しいポイント◎

アン カフェ タイキチ

(住)宮城県仙台市太白区秋保町湯本寺田原 48-1
(駅)JR「愛子」駅から車で 15 分、
または JR ほか「仙台」駅からバス
(営)9：30 ～ 17：00
(休)木・金

ANCAFE_TAIKICHI

f.BAKERY

クルミのあんバター

270 円
ごろっとしたクルミがたっぷり入った
香ばしいハードなフランスパンはあんバターとの相性抜群！
バターは無塩だが噛むほどにパンから塩気が感じられ
味がグッと引き締まる。
ソフトフランス ver. のあんバターもあるので
柔らかいパンが好きな方はそちらもぜひ。

F._BAKERY

エフドットベーカリー

㊟石川県金沢市東山 3-16-14
㊫JR ほか「金沢」駅
㊪9：30 ～ 17：00（売り切れ次第終了）
月曜のみ 9：30 ～ 13：30
㊡水・木

ベーカリーキッチンFIRO 大手町店

生キャラメルあんバタ 280 円
焦がしきなこあんバタ 250 円

10 種類近くのあんバターがズラーっと並ぶまさにあんバター好きの楽園。
種類豊富で見た目が可愛いだけでなくどれも美味しい！
リベイクするとパンはサクふわっと歯切れが良くなり
じんわりとろけたバターは塩気とコクが引き立つ◎
ぜひ一度は訪れてみてほしい！

FIRO_OOTEMACHI

ベーカリーキッチンフィロ おおてまちてん

㊟広島県広島市中区大手町 2-1-12
㊫広島高速交通広島新交通 1 号線「本通」駅
☎082-240-0048
㊪7：00 ～ 18：00
㊡無し

＊写真下の「大学いも黒胡麻あんバタ」は現在販売休止中。

生キャラメルあんバタ
焦がしきなこバタ
大学いも黒胡麻あんバタ

Park South Sandwich

ミルキーあんバター

600円＊
風味も甘さも濃厚なつぶあんと厚めのバターを
甘さ控えめのふわむしゅ生クリームが
ほどよくまろやかにしてくれる。
そこへ練乳のコクが広がる名前の通りミルキーな味わい◎
柔らかく口当たりのいい全粒粉パンに
サンドされているのであっという間にペロリ。

パークサウスサンドウィッチ

㊟広島県広島市中区中町 1-26
㊢広島電鉄宇品線「袋町」駅
㊤8：00 ～ 18：00
㊡不定休

PARK_SOUTH_SANDWICH

＊店内飲食価格、テイクアウトは税率 8% で 589 円。

Good up Coffee

自家製あんバタートースト

690円
厚切りトーストは表面サクッと中はふわもーっちり。
そこに満遍なく乗せられた自家製あんこは
なめらかでちょうどいい甘さ。
じゅんわりトロけるバターのコクと荒めの岩塩で
キレのある塩気が加わり甘じょっぱさが癖になる。
コーヒーとの相性も抜群◎

グッドアップ コーヒー

㊟福岡県福岡市中央区高砂 1-15-18
㊢西鉄天神大牟田線「薬院」駅
㊤月・火・水・金・土　11：00 ～ 19：00 (L.O. 18：45)
　日　11：00 ～ 18：00 (L.O. 17：45)
㊡木

GOOD_UP_COFFEE

loma BAKERY

あんバター

378円
食べた瞬間口いっぱいに広がる濃厚なバターの風味。
そこへあんこの上品な甘みと
リベイクしたカリもちベーグルの香ばしさが
後からググッと押し寄せる。
それぞれ美味しい且つまとまりのある味わい。
塩麹スコーンも人気とのことなのでぜひ一緒にGETしてみて。

ロマベーカリー

(住)福岡県福岡市中央区薬院 3-7-15
(駅)西鉄天神大牟田線「薬院」駅
☎092-406-3518
(営)11：00 ～売り切れまで
(休)日・月・火

LOM___A

Siro Coffee

栗あんバターサンド

500円
まるっと可愛いパンは表面カリッと
中は伸びるようなもっちり感。
期間限定のこっくり甘い栗餡の上にはごろっと大きな栗が一粒、
パンの熱でほんのりとろけたバターのガツンとくるコクと
キレのある塩気が栗の風味を引き立てる。
小ぶりながら濃厚で満足感◎

シロコーヒー

(住)福岡県福岡市早良区城西 2-12-16
(駅)福岡市地下鉄「西新」駅
(営)12：30 ～ 18：00
(休)水・火・その他不定休

SIRO_COFFEE

福岡県・薬院

福岡県・西新

スケート
ボード禁止

＼ お家でいただきます ／

全国お取り寄せ あんバター10選

USAMOGU SELECTION

01

カズノリイケダアンディヴィデュエル

kazunori ikeda individuel

シーラカンス モナカ

12個入（簡易箱入） 3,580円

食べた瞬間の衝撃が忘れられない！　ガツンとくる塩気と濃厚なバターのコクがいい意味で和菓子の枠組みを超えた新感覚の最中を生み出す。甘じょっぱさが癖になるこれぞ和洋折衷な味わい◎少しトースターで焼くと最中は香ばしく、バターはとろけてさらに絶品。

https://www.kazunoriikeda.co.jp

02

マルベーグル

maru bagel

手前右下から時計回りに

あんバター
かぼちゃあんバター
むらさきいもあんバター
スイートポテトあんバター

各 380 円

コロンとした可愛いベーグルは弾力があり、もちもちむぎゅっと。なめらかなこしあんとコクのあるバターは甘くとろけるまろやかな味わいではみ出るほどたっぷりなのが嬉しい◎こしあんの尋常じゃないなめらかさから生まれる一体感をぜひ体感してほしい！

https://marubagel.com/

※現在はあんバターサンドの食パンが 2 枚に変更。
写真提供：SANCH

03

サンチ

SANCH

発酵バター使用
究極のあんバター
マスカルポーネ

こしあんとつぶあんが混ざった上品な甘さのあんこに発酵バター、そしてたっぷりのマスカルポーネクリーム。耳まで柔らかいパンとフィリングのバランスが絶妙。ボリューミーなのにマスカルポーネホイップの爽やかさでもう一口、もう一口と手が止まらず完食。

https://sanch-onlineshop.stores.jp/

通販では 10 種類の総菜・スイーツサンドセット 6,600 円の中に含まれている。店舗では単品で購入可。イートイン：528 円 ／ テイクアウト：518 円

※（手前）小雪あんバター　（奥）白あんバター小雪きな粉

04

シュシュズベーカリー

小雪あんバター5コ入り 1,950円
白あんバター小雪きな粉
5コ入り 2,100円

小ぶりな生食パンはリベイクすると外ほんのりカリッと中はお餅かと思うくらいしっとりもちーっとしていて新食感！　雑味のないこしあんと塩気の効いたバターとの一体感もありなめらかにとろける。食べやすく上品な味わい◎白あんバター小雪きな粉も絶品。

https://bakery.well-ecora.com/

05

中尾清月堂《なかおせいげつどう》

ホットドラバターオリジナル
5個セット　1,728円

レンジで温めて食べるバターどら焼き。ふわっふわの生地に染み込んだバターとじゅわっととろけるあんこのふわとろ食感がたまらない。甘じょっぱくあと引く美味しさ。クリームチーズ入りなど変わった味もあり、パッケージも可愛いので贈り物にもおすすめ。

https://hotdorabutter.com/

写真提供：中尾清月堂

06

亀屋万年堂《かめやまんねんどう》

右北海道ナボナ あんとバター
左九州ナボナ 薩摩芋とバター
各162円

お店の代表的なお菓子「ナボナ」のあんバター。ブッセはふわふわで口当たりが良く飲めるほど軽い。つぶあんと塩気の効いたバタークリームのバランスも絶妙。しっとりとしたさつまいも餡はお芋の美味しさを存分に堪能できる。何個でも食べられる美味しさ。

https://www.navona.co.jp/brand/

07

コナモーレ

conamore

コーヒーあんバターサンド

356円

風味豊かなあんこにじんわり広がるバターのコクと塩気、それらを包み込むほろ苦いコーヒーベーグルのマリアージュ。リベイクするとさらに珈琲の香ばしさが感じられる。“あんバター×コーヒー”これ一つで名古屋モーニングの味が堪能できちゃう！

https://conamore.thebase.in/

08

パティスリー アサコ イワヤナギ

PATISSERIE ASAKO IWAYANAGI

自家製天然酵母のあんバターパン4個入り

3,780円※予約販売

一流パティスリーはあんバターも一級品。表面カリッと中はふわもちしっとりのややハードめなパンはほのかにフルーティーさがある。小豆の風味が引き立つ上品なつぶあんに口溶けのいいバターがベストマッチ。リベイクするとさらに塩気が引き立ち濃厚な味わい。

https://asakoiwayanagi.net/

09

創作和アイスのお店

「桜庵」

濃厚バターアイスモナカ あんバター

216円

パリッと薄い最中にコクのあるバターアイスと風味豊かなあんこ。アイスのほのかな塩気が素材の風味を引き立てる。ほんの少しトーストすると最中がよりパリッと香ばしくなって◎（※アイスが溶けないよう要注意）常に冷凍庫にストックしておきたい一品！

https://cake.jp/shops/12188/

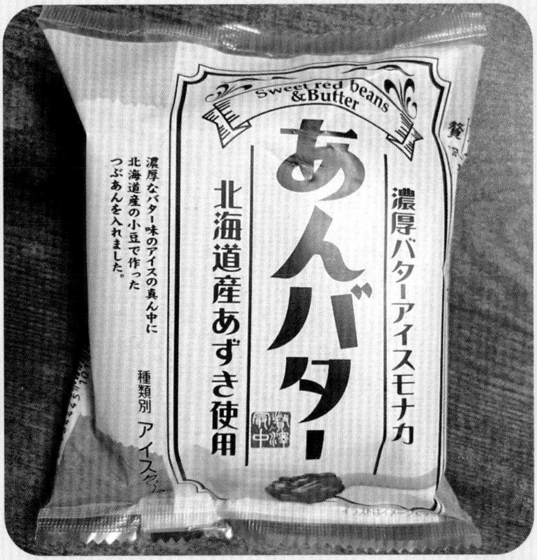

10

ウミネコ商店

季節のあんバターサンド 6種セット

1,980円

季節で変わるあんこの味はなんと数十種類以上！　サクほろっとした素朴な味わいのスコーンが餡子それぞれのフレーバーとバターのコクを引き立てる。スコーンだけリベイクし、その熱でバターを溶かすと塩気が引き立ってさらに濃厚な味わいに。見た目も味も◎

https://umineko1203.thebase.in/

おわりに

私はあんバターと出会って人生が変わりました。

大好きなものが増えたこともそうですが、テレビやラジオに出演したり、
商品の監修をさせてもらったり、コラボカフェをしたり、記念日を制定したり。
あんバターを通してたくさんの経験をさせてもらいました。

本当、人生何があるかわからないなと実感しています。
今この本を書いているのもちょっと不思議な気分です（笑）。

皆さんにとってもこの本が、あんバターが、
少しでも人生を色付けるものになったら嬉しいです。

今回都内をメインに紹介させていただきましたが、
実は他にも紹介したい美味しいあんバターがたくさんあります。
そして私自身まだまだ食べられていないあんバターもたくさんあります。
いつかは全国のあんバターを紹介できたらいいな〜なんて思ったり。

ということで今、私の一番の目標は
47都道府県であんバター巡りをすることです！
もし美味しいあんバターを見つけたらぜひ教えてください。

うさもぐ

あんバター研究家。
1997年5月11日生まれ。神奈川県出身。
あんバターの沼にはまり、
これまでに訪れたあんバターのお店は約900店舗。
食べたあんバターの数は約1500個。
SNSのフォロワーは、合計13万人の
インフルエンサーでもある。
企業とのコラボ商品も多数プロデュース、
あんバターの魅力を発信している。
また、もっとたくさんの人に
あんバターを知ってもらいたいという思いから
2022年の夏、あんバターの記念日を制定するための
クラウドファンディングを実施。1日で目標達成。
支援者と共に8月22日を
「みんなのあんバターの日」として制定した。

	51	DIXANS 水道橋	東京都千代田区	44
	52	テーラ・テール 高岳店	愛知県名古屋市東区	34
	53	tecona bagel works	東京都渋谷区	66
	54	天然酵母の食パン専門店 つばめパン& Milk 尼ヶ坂本店	愛知県名古屋市北区	28
な	55	中尾清月堂	お取り寄せ	121
は	56	Park South Sandwich	広島市中区	114
	57	HOUSest-LIFE+CAFE	愛知県名古屋市南区	24
	58	BACK STREET COFFEE 京橋店	大阪市城東区	94
	59	PATISSERIE Salon by S	北海道札幌市中央区	108
	60	PATISSERIE ASAKO IWAYANAGI	お取り寄せ	122
	61	パネッテリアヴィヴォ	栃木県宇都宮市	76
	62	Pane Ho Maretta	兵庫県神戸市中央区	102
	63	ぱぴ・ぱん	愛知県名古屋市天白区	32
	64	HAMADA-YA BREAD BAR&COFFEE	東京都世田谷区	52
	65	パンセ　仙台駅店	宮城県仙台市青葉区	110
	66	PAIN PATI 南町田グランベリーパーク店	東京都町田市	75
	67	パンやきどころ RIKI	兵庫県神戸市中央区	100
	68	Bistro Rojiura	東京都渋谷区	85
	69	bouquet	東京都中央区	46
	70	Boulangerie S.Igarashi	東京都江東区	82
	71	Boulangerie Sudo	東京都世田谷区	54
	72	Boulangerie BONNET D'ANE	東京都世田谷区	87
	73	feb's coffee & scone	東京都台東区	52
	74	BUCYOCOFFEE	愛知県名古屋市中村区	12
	75	bricolage bread&co.	東京都港区	42
	76	ブレッドマチエール	東京都目黒区	56
	77	ベイクハウスイエローナイフ	埼玉県さいたま市	77
	78	BAKER Aoyagi	東京都目黒区	86
	79	ベーカリーキッチン FIRO 大手町店	広島市中区	112
	80	ベーカリーバカンス	兵庫県神戸市中央区	102
	81	ペニーレイン 宿郷店	栃木県宇都宮市	77
	82	Berry Button	京都市中京区	105
	83	ぼうず 'n coffee	東京都豊島区	64
	84	bonnieu	愛知県名古屋市千種区	15
ま	85	まめものとたい焼き 嵐山本店	京都市右京区	105
	86	Mallorca	東京都世田谷区	54
	87	maru bagel	お取り寄せ	120
	88	みずのとびら	東京都江東区	64
	89	目黒 ひいらぎ 学芸大学東口店	東京都目黒区	60
や	90	yummy bakery	東京都品川区	48
	91	よつばベーカリー	神奈川県横浜市	76
ら	92	Le Sixieme Sens	愛知県名古屋市天白区	38
	93	ROOT COFFEE	大阪市天王寺区	94
	94	LURIE.	東京都目黒区	88
	95	les joues de BéBé	東京都目黒区	58
	96	Laekker	東京都渋谷区	90
	97	レコルト	兵庫県神戸市	104
	98	ROWS COFFEE	愛知県名古屋市西区	21
	99	loma BAKERY	福岡市中央区	116
わ	100	1ROOM COFFEE	東京都板橋区	74

掲載店一覧（50音順）

うさもぐの人生《じんせい》を変《か》えた
魅惑《みわく》のあんバター100選《せん》

第1刷　2024年4月30日

著者
うさもぐ

発行者
菊地克英

発行
株式会社東京ニュース通信社
〒104-6224 東京都中央区晴海 1-8-12
電話：03-6367-8023

発売
株式会社講談社
〒112-8001 東京都文京区音羽 2-12-21
電話：03-5395-3606

印刷・製本
株式会社シナノ

装丁・デザイン
及川聡子［HOTTA DESIGN］　肥田花織

撮影
うさもぐ　田子芙蓉　堀宏之　松本幸治

編集
船木圭子

協力
株式会社ペンヌ

ISBN 978-4-06-535028-7